ぜんいち&マイッキーとまなぶ

まいぜんシスターズのことわざ

JN017470

助

さのすけ

はじめに

本書《ほんしょ》は、大人気《だいにんき》のユーチューバー「まいぜんシスターズ」のぜんいちとマイッキーによる「マインクラフト（マイクラ）」実況動画《じっきょうどうが》の画面《がめん》とともに、「ことわざ」を学《まな》ぶことができる学習書《がくしゅうしょ》です。

本書《ほんしょ》を手《て》に取《と》るみなさんは、マイクラというゲームを、よくご存《ぞん》じですよね。マイクラは、世界観《せかいかん》やストーリー、キャラクター（アバター）や目的《もくてき》がはじめから設定《せってい》されているゲームではありません。みなさんの想像力《そうぞうりょく》と創造力《そうぞうりょく》を元《もと》にして、デジタル空間《くうかん》でブロックを組《く》みたてて建物《たてもの》やキャラクターをはじめとしたさまざまなものを創《つく》りだし、みなさん自身《じしん》の世界観《せかいかん》を具体化《ぐたいか》するゲームです。

例《たと》えば、公園《こうえん》などの砂場《すなば》では、自由《じゆう》に想像力《そうぞうりょく》を働《はたら》かせて、砂山《すなやま》を創《つく》ったり、トンネルを掘《ほ》ったりして自分《じぶん》の世界《せかい》を表現《ひょうげん》できます。マイクラは、別名《べつめい》「サンドボックス（砂場《すなば》）ゲーム」と

いわれていて、まさに、その遊《あそ》び方《かた》はプレーヤーであるみなさんにゆだねられています。つまり、もともとみなさんの中《なか》にある「遊《あそ》び心《ごころ》」を活《い》かしたゲームなのです。ですので、これまでの「ゲーム」というイメージではなく、「遊《あそ》び道具《どうぐ》」という表現《ひょうげん》の方《ほう》がピッタリなのかもしれません。

この本《ほん》では、遊《あそ》び心《ごころ》いっぱいのぜんいちとマイッキーがマイクラの世界《せかい》で冒険《ぼうけん》や競争《きょうそう》をくり広《ひろ》げる実況動画《じっきょうどうが》の中《なか》から、「ことわざ」や「慣用句《かんようく》」、「故事成語《こじせいご》」で言《い》いあらわすのに適《てき》した場《ば》面《めん》を切《き》りとって解説《かいせつ》しています。

どうぞ、ぜんいちとマイッキーがマイクラの世界《せかい》で遊《あそ》んでいる様子《ようす》を想像《そうぞう》してみてください。そして、彼《かれ》らの表現《ひょうげん》している世界《せかい》を、どんな「ことわざ」なら言《い》いあらわすことができるかを、想像《そうぞう》してみていただきたいと思《おも》います。きっと、ことわざがいきいきと面白《おもしろ》く理解《りかい》できるようになることでしょう。

どうぞよろしくお願《ねが》いいたします。

中部大学教授《ちゅうぶだいがくきょうじゅ》　深谷圭助《ふかやけいすけ》

この本について

※この本はMinecraft公式書籍ではありません。Mojang社のガイドライン（https://www.minecraft.net/ja-jp/usage-guidelines）に則って独自に刊行したもので、Mojang社およびMinecraftは本書の内容に関係ありません。お問い合わせなどはなさらないようにお願いいたします。
※この本の内容は執筆時点の情報をもとにしており、発売後予告なく内容が変更されることがあります。
※この本は複数バージョンのMinecraftの情報をもとに製作をしています。
NOT OFFICIAL MINECRAFT PRODUCT.
NOT APPROVED BY OR ASSOCIATED WITH MOJANG.

もくじ

はじめに……2
この本《ほん》のつかい方《かた》……7

ア行《ぎょう》

青柿《あおがき》が熟柿《じゅくし》弔《とむら》う……8
青菜《あおな》に塩《しお》……10
揚《あ》げ足《あし》を取《と》る……11
明日《あす》の百《ひゃく》より今日《きょう》の五十《ごじゅう》……12
明日《あす》は我《わ》が身《み》……13
雨降《あめふ》って地固《じかた》まる……14
嵐《あらし》の前《まえ》の静《しず》けさ……16
蟻《あり》の穴《あな》から堤《つつみ》も崩《くず》れる……17
案《あん》ずるより産《う》むが易《やす》い……18
石《いし》の上《うえ》にも三年《さんねん》……19
石橋《いしばし》を叩《たた》いて渡《わた》る……20
医者《いしゃ》の不養生《ふようじょう》……21
急《いそ》がば回《まわ》れ……22
一《いち》を聞《き》いて十《じゅう》を知《し》る……24
一寸《いっすん》の虫《むし》にも五分《ごぶ》の魂《たましい》……25
犬《いぬ》も歩《ある》けば棒《ぼう》に当《あ》たる……26
井《い》の中《なか》の蛙《かわず》大海《たいかい》を知《し》らず……28
言《い》わぬが花《はな》……29
有頂天《うちょうてん》になる……30
鵜《う》の目《め》鷹《たか》の目《め》……31
馬《うま》の耳《みみ》に念仏《ねんぶつ》……32
海《うみ》の物《もの》とも山《やま》の物《もの》ともつかない……34
海老《えび》で鯛《たい》を釣《つ》る……35
大風《おおかぜ》が吹《ふ》けば桶屋《おけや》が儲《もう》かる……36
陸《おか》に上《あ》がった河童《かっぱ》……38
同《おな》じ穴《あな》のむじな……39
帯《おび》に短《みじか》したすきに長《なが》し……40
溺《おぼ》れる者《もの》はわらをもつかむ……41

カ行《ぎょう》

蛙《かえる》の面《つら》に水《みず》……42
顔《かお》から火《ひ》が出《で》る……44
刀《かたな》折《お》れ矢《や》尽《つ》きる……45
勝《か》って兜《かぶと》の緒《お》を締《し》めよ……46
河童《かっぱ》の川流《かわなが》れ……47
蟹《かに》の横《よこ》ばい……48
亀《かめ》の甲《こう》より年《とし》の功《こう》……49
枯《か》れ木《き》も山《やま》のにぎわい……50
かわいい子《こ》には旅《たび》をさせよ……52
窮鼠《きゅうそ》猫《ねこ》を噛《か》む……53
漁夫《ぎょふ》の利《り》……54
清水《きよみず》の舞台《ぶたい》から飛《と》び降《お》りる……55
木《き》を見《み》て森《もり》を見《み》ず……56
口《くち》は災《わざわ》いの元《もと》……58
君子《くんし》危《あや》うきに近寄《ちかよ》らず……59
郷《ごう》に入《い》っては郷《ごう》に従《したが》え……60
弘法《こうぼう》にも筆《ふで》の誤《あやま》り……61

弘法筆《こうぼうふで》を選《えら》ばず……62
五十歩百歩《ごじっぽひゃっぽ》……63
転《ころ》ばぬ先《さき》の杖《つえ》……64
転《ころ》んでもただでは起《お》きぬ……66

サ行《ぎょう》

策士策《さくしさく》に溺《おぼ》れる……67
匙《さじ》を投《な》げる……68
猿《さる》も木《き》から落《お》ちる……69
触《さわ》らぬ神《かみ》に祟《たた》りなし……70
失敗《しっぱい》は成功《せいこう》のもと……71
好《す》きこそものの上手《じょうず》なれ……72
過《す》ぎたるはなお及《およ》ばざるが如《ごと》し……73
住《す》めば都《みやこ》……74
急《せ》いては事《こと》を仕損《しそん》じる……75

タ行《ぎょう》

宝《たから》の持《も》ち腐《ぐさ》れ……76

高《たか》をくくる……78
蛇足《だそく》……79
叩《たた》けば埃《ほこり》が出《で》る……80
畳《たたみ》の上《うえ》の水練《すいれん》……81
立《た》つ鳥跡《とりあと》を濁《にご》さず……82
立《た》て板《いた》に水《みず》……83
蓼食《たでく》う虫《むし》も好《す》き好《ず》き……84
棚《たな》から牡丹餅《ぼたもち》……86
玉《たま》に瑕《きず》……87
塵《ちり》も積《つ》もれば山《やま》となる……88
月《つき》とすっぽん……89
月夜《つきよ》に提灯《ちょうちん》……90
爪《つめ》に火《ひ》をともす……91
鉄《てつ》は熱《あつ》いうちに打《う》て……92
出《で》る杭《くい》は打《う》たれる……94
天《てん》は自《みずか》ら助《たす》くる者《もの》を助《たす》く……95
灯台下暗《とうだいもとくら》し……96
時《とき》は金《かね》なり……98
隣《となり》の花《はな》は赤《あか》い……99
鳶《とび》が鷹《たか》を生《う》む……100
捕《と》らぬ狸《たぬき》の皮算用《かわざんよう》……101
泥棒《どろぼう》を捕《と》らえて縄《なわ》をなう……102
どんぐりの背比《せいくら》べ……103
飛《と》んで火《ひ》に入《い》る夏《なつ》の虫《むし》……104

ナ行《ぎょう》

長《なが》いものには巻《ま》かれろ……105
泣《な》き面《つら》に蜂《はち》……106
無《な》くて七癖《ななくせ》……108
情《なさ》けは人《ひと》の為《ため》ならず……109
名《な》は体《たい》を表《あらわ》す……110
煮《に》え湯《ゆ》を飲《の》まされる……111
二階《にかい》から目《め》薬《ぐすり》……112
逃《に》がした魚《さかな》は大《おお》きい……113
逃《に》げるが勝《か》ち……114
二度《にど》あることは三度《さんど》ある……115

二兎《にと》を追《お》う者《もの》は一兎《いっと》をも得《え》ず……116
糠《ぬか》に釘《くぎ》……118
盗人《ぬすびと》にも三分《さんぶ》の理《り》……119
濡《ぬ》れ手《て》で粟《あわ》……120
猫《ねこ》にかつおぶし……122
猫《ねこ》に小判《こばん》……123
猫《ねこ》の手《て》も借《か》りたい……124
猫《ねこ》をかぶる……126
寝耳《ねみみ》に水《みず》……127
能《のう》ある鷹《たか》は爪《つめ》を隠《かく》す……128
喉《のど》から手《て》が出《で》る……129
暖簾《のれん》に腕押《うでお》し……130

ハ行《ぎょう》

箸《はし》にも棒《ぼう》にも掛《か》からない……131
鼻《はな》にかける……132
花《はな》より団子《だんご》……133
腹《はら》が減《へ》っては戦《いくさ》ができぬ……134
人《ひと》のふり見《み》て我《わ》がふり直《なお》せ……136
火《ひ》のない所《ところ》に煙《けむり》は立《た》たぬ……137
瓢箪《ひょうたん》から駒《こま》……138
豚《ぶた》に真珠《しんじゅ》……139
故《ふる》きを温《たず》ねて新《あたら》しきを知《し》る……140
下手《へた》の横好《よこず》き……141
仏《ほとけ》の顔《かお》も三度《さんど》……142
骨折《ほねお》り損《ぞん》のくたびれ儲《もう》け……143

マ行《ぎょう》

待《ま》てば海路《かいろ》の日和《ひより》あり……144
身《み》から出《で》た錆《さび》……146
耳《みみ》が痛《いた》い……147
耳《みみ》にたこができる……148
矛盾《むじゅん》……149
目《め》は口《くち》ほどに物《もの》を言《い》う……150
門前《もんぜん》の小僧《こぞう》習《なら》わぬ経《きょう》を読《よ》む……151

ヤ行《ぎょう》

横車《よこぐるま》を押《お》す……152
寄《よ》らば大樹《たいじゅ》の陰《かげ》……153
弱《よわ》り目《め》に祟《たた》り目《め》……154

ラ行《ぎょう》

ローマは一日《いちにち》にして成《な》らず……155

ワ行《ぎょう》

渡《わた》る世間《せけん》に鬼《おに》はない……156
おわりに……158
おもな参考文献《さんこうぶんけん》……159

この本《ほん》のつかい方《かた》

言葉《ことば》の意味《いみ》

その言葉《ことば》の意味《いみ》。ちがったふたつの意味《いみ》がある場合《ばあい》は両方《りょうほう》を示《しめ》しています。

関連《かんれん》する言葉《ことば》

似はそのページの言葉《ことば》と似《に》た意味《いみ》の言葉《ことば》を、対は反対《はんたい》の意味《いみ》の言葉《ことば》を、それぞれしめしています。

言葉《ことば》のつかい方《かた》

そのページの言葉《ことば》をつかった例文《れいぶん》です。

言葉《ことば》の種類《しゅるい》

この本《ほん》では「ことわざ」、「慣用句《かんようく》」、「故事《こじ》成語《せいご》」の3種類《しゅるい》の言葉《ことば》を紹介《しょうかい》しています。そのページの言葉《ことば》が3種類《しゅるい》のうちどれかを示《しめ》しています。

ことわざ　昔《むかし》から言《い》い伝《つた》えられてきた知恵《ちえ》や教《おし》えなどをあらわした言葉《ことば》。

慣用句《かんようく》　ふたつ以上《いじょう》のことばが結《むす》びついて、もとの意味《いみ》とはちがう意味《いみ》をもった言葉《ことば》。

故事成語《こじせいご》　おもに中国《ちゅうごく》に昔《むかし》から伝《つた》わる物語《ものがたり》の教《おし》えを短《みじか》くあらわした言葉《ことば》。

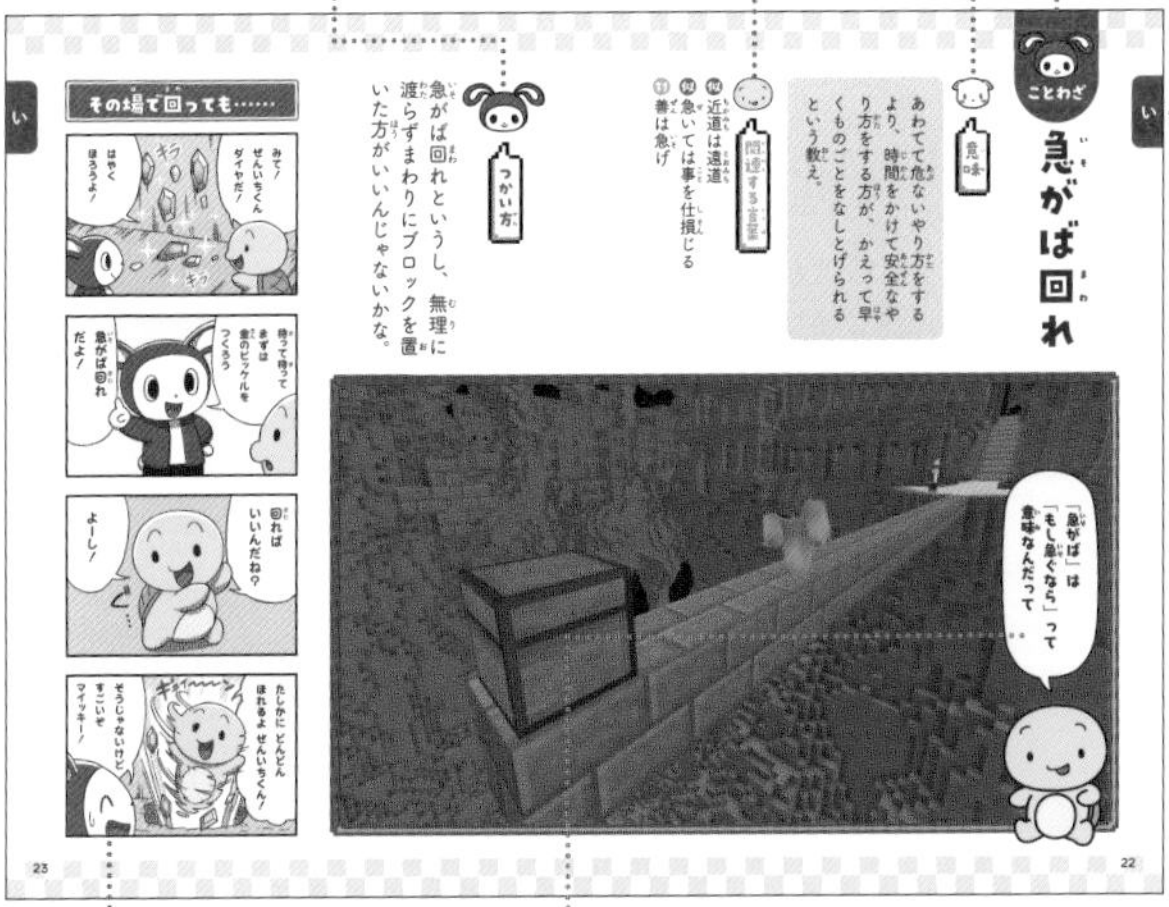
い
ことわざ
急がば回れ
意味
あわてて危ないやり方をするより、時間をかけて安全なやり方をする方が、かえって早くものごとをなしとげられるという教え。
関連する言葉
近道は遠道
急いては事を仕損じる
善は急げ
つかい方
急がば回れというし、無理に渡らずまわりにブロックを置いた方がいいんじゃないかな。
「急がば」は「もし急ぐなら」って意味なんだって
22
い
その場で回っても……
みて！ぜんいちくんダイヤだ！
キラ
はやくほろうよ！
待って待って まずは金のピッケルをつくろう
急がば回れだよ！
回ればいいんだね？
よーし！
たしかに どんどんほれるよ ぜんいちくん！
ギュイーーン
そうじゃないけどすごいぞマイッキー！
23

ことわざ4コマ

ぜんいちとマイッキーが言葉《ことば》のつかい方《かた》を見《み》せてくれます。

ぜんいち&マイッキーのひとこと

ぜんいちとマイッキーが豆知識《まめちしき》やふたりの思《おも》い出《で》を教《おし》えてくれます。

ツメ

そのページの言葉《ことば》の一字目《いちじめ》をしめしています。

ことわざ

青《あお》柿《がき》が熟《じゅく》柿《し》弔《とむら》う

意《い》味《み》

まだ青《あお》い柿《かき》が、熟《じゅく》した柿《かき》が地《じ》面《めん》に落《お》ちるのを見《み》て気《き》の毒《どく》がるというようすにたとえて、自《じ》分《ぶん》も同《おな》じ運《うん》命《めい》にあるのに、あれこれ言《い》うこと。

関《かん》連《れん》する言《こと》葉《ば》

似 五十《ごじっ》歩《ぽ》百《ひゃっ》歩《ぽ》

似 猿《さる》の尻《しり》笑《わら》い

似 目《め》くそ鼻《はな》くそを笑《わら》う

つかい方《かた》

わずかな差《さ》で対決《たいけつ》を制《せい》したからといって勝《か》ちほこっても、青柿《あおがき》が熟柿《じゅくし》を弔《とむら》うようなものだ。

いつも謙虚《けんきょ》でいなくちゃね

ことわざを知《し》ろう

青《あお》い柿《かき》と熟《じゅく》した赤《あか》い柿《かき》って
ぼくとぜんいちくんみたいだよね
あ！　でも弔《とむら》うってお葬式《そうしき》ってこと……？
いやだよぜんいちく〜〜〜ん！
マイッキー！
ぼくは死《し》なないよ！
かんちがいしないように　ことわざのことを知《し》っていこう！

慣用句《かんようく》

青《あお》菜《な》に塩《しお》

意味《いみ》

青《あお》あおとした菜《な》っ葉《ぱ》に塩《しお》をかけるとしおれることにたとえて、元気《げんき》だった人《ひと》がしょんぼりすること。

関連《かんれん》する言葉《ことば》

似 なめくじに塩《しお》

かわいそうだけど
ちょっとおいしそう
かも？

つかい方《かた》

狩《か》りをする気《き》に満《み》ちあふれていたのに、毒《どく》にやられて青菜《あおな》に塩《しお》といった気分《きぶん》だ。

慣用句《かんようく》

揚《あ》げ足《あし》を取《と》る

意《い》味《み》

言《い》いまちがえなどをわざわざ取《と》りあげて、からかったり悪《わる》口《ぐち》を言《い》ったりすること。

関《かん》連《れん》する言《こと》葉《ば》

似 言《こと》葉《ば》尻《じり》をとらえる

揚《あ》げ足《あし》は もとは
相撲《すもう》や柔道《じゅうどう》の言葉《ことば》
なんだって

つかい方《かた》

ひとの揚《あ》げ足《あし》を取《と》ってばかりいると、話《はな》し合《あ》いがなかなか進《すす》まない。

明日《あす》の百《ひゃく》より今日《きょう》の五十《ごじゅう》

意味《いみ》

どうなるかわからない先《さき》のことより、今確実《いまかくじつ》にあるものを手《て》に入《い》れる方《ほう》がよいという教《おし》え。

関連《かんれん》する言葉《ことば》

似 聞《き》いた百文《ひゃくもん》より見《み》た一文《いちもん》
似 先《さき》の雁《がん》より手前《てまえ》の雀《すずめ》
似 明日《あす》の牛《うし》より今日《きょう》の卵《たまご》
（ルーマニアのことわざ）

mikey_turtle
もったいない
気《き》もするけど
いいのかな？

つかい方《かた》

麦畑《むぎばたけ》をなくしてこの場所《ばしょ》にかまどをつくろう。明日《あす》の百《ひゃく》より今日《きょう》の五十《ごじゅう》だ。

ことわざ

あ

明日《あす》は我《わ》が身《み》

意味《いみ》

今日《きょう》他人《たにん》におこった災《わざわ》いは、明日《あす》には自分《じぶん》にふりかかるかもしれないので、ひとごとにはせず油断《ゆだん》してはならないという教《おし》え。

関連《かんれん》する言葉《ことば》

似 昨日《きのう》は人《ひと》の身《み》、今日《きょう》は我《わ》が身《み》

ぼくのぎせいをムダにしないで!

つかい方《かた》

マイッキーがトラップにやられた! 明日《あす》は我《わ》が身《み》とおもって気《き》をつけよう。

ことわざ

雨《あめ》降《ふ》って地《じ》固《かた》まる

意味《いみ》

悪《わる》いことやいやなことのあとに、かえってものごとがよくなることのたとえ。

関連《かんれん》する言葉《ことば》

似 雨《あめ》の後《あと》は上天気《じょうてんき》

雨《あめ》のときはうちのなかで遊《あそ》べばいいよね
たしかにそれならなかよくなれそう！

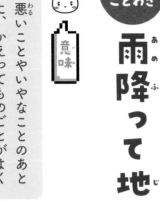

つかい方《かた》

せっかく開《ひら》いたお店《みせ》がこわれてしまったけど、雨降《あめふ》って地《じ》固《かた》まるで、リフォームして前《まえ》よりりっぱになった。

それも地《じ》のうち？

雨降《あめふ》って地固《じかた》まるっていうけどマイッキーとはもともと友《とも》だちだから
もう じゅうぶん固《かた》まっているよね
ぜんいちくーん
これから地《じ》を固《かた》めにいこうよ
？
ザバーッ
マグマを固《かた》めて黒曜石《こくようせき》にするんだね

ことわざ

嵐《あらし》の前《まえ》の静《しず》けさ

意味《いみ》

たいへんなことがおこる前《まえ》に、不《ぶ》気《き》味《み》なほど静《しず》かなこと。

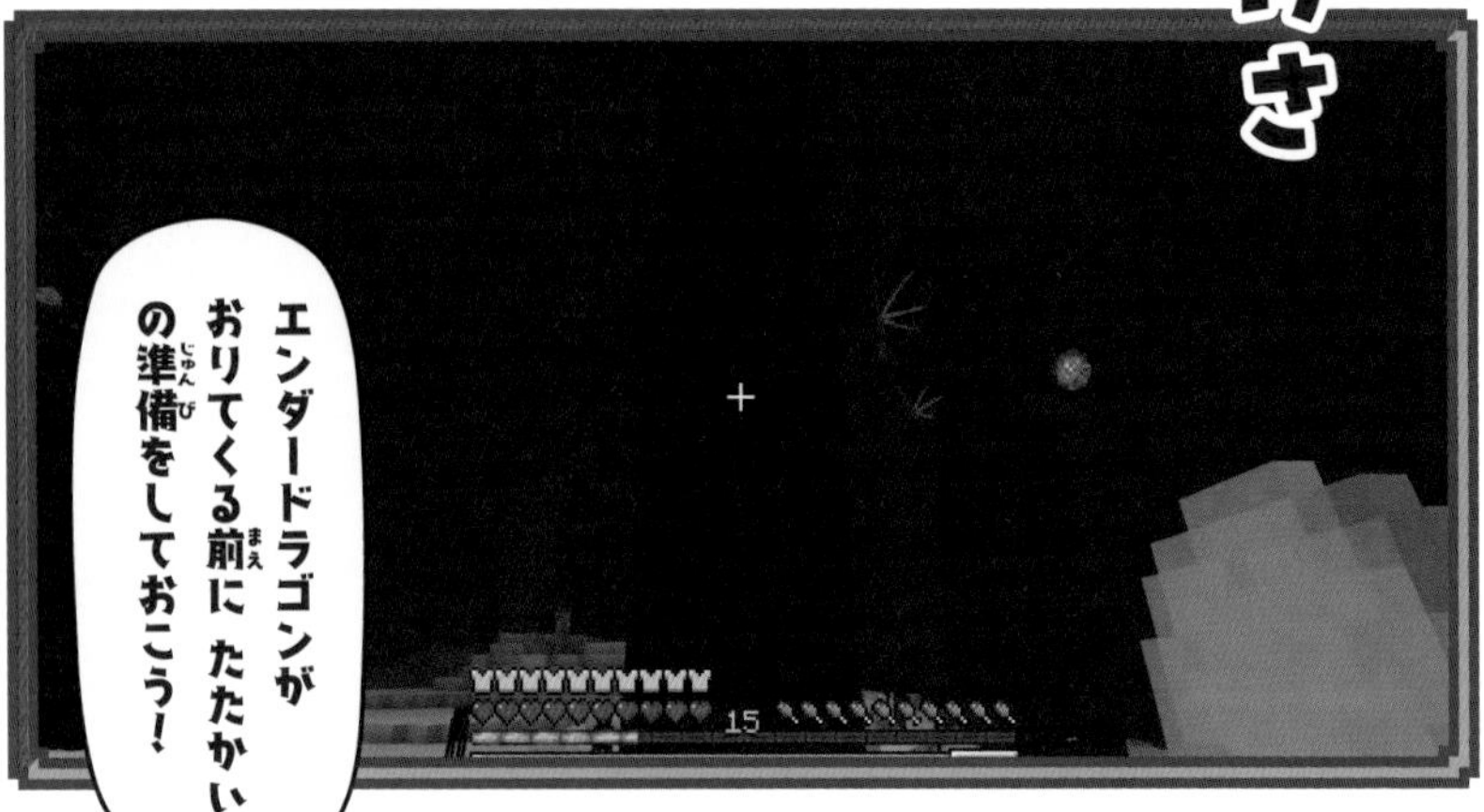
エンダードラゴンが
おりてくる前《まえ》に たたかい
の準備《じゅんび》をしておこう！

つかい方《かた》

強敵《きょうてき》エンダードラゴンとの決戦《けっせん》だ。空《そら》を飛《と》びまわってなかなかおりてこないのは、嵐《あらし》の前《まえ》の静《しず》けさだろうか。

あ

故事成語《こじせいご》

蟻《あり》の穴《あな》から堤《つつみ》も崩《くず》れる

意味《いみ》

じょうぶな堤防《ていぼう》でも、ちいさな蟻《あり》の巣穴《すあな》から水《みず》がしみこんで崩《くず》れるということから、わずかな油断《ゆだん》がたいへんな結果《けっか》になることのたとえ。

関連《かんれん》する言葉《ことば》

似 千丈《せんじょう》の堤《つつみ》も蟻《あり》の一穴《いっけつ》から

似 油断大敵《ゆだんたいてき》

つかい方《かた》

この部屋《へや》は安全《あんぜん》なはずだけど、
蟻《あり》の穴《あな》から堤《つつみ》も崩《くず》れるというし、
気《き》を抜《ぬ》かないでおこう。

ことわざ

案《あん》ずるより産《う》むが易《やす》い

意味《いみ》

事前《じぜん》にあれこれと心配《しんぱい》していても、おもいきってやってみると意外《いがい》とかんたんにできるものだという教《おし》え。

関連《かんれん》する言葉《ことば》

似 当《あ》たってくだけろ

key_turtle
19
なんども挑戦《ちょうせん》して
なれることも大事《だいじ》
だよね

つかい方《かた》

隠《かく》し扉《とびら》をつくってみた。
レッドストーン回路《かいろ》のつかい方《かた》に
いろいろなやんだけど、
案《あん》ずるより産《う》むが易《やす》いものだ。

ことわざ

石《いし》の上《うえ》にも三年《さんねん》

意味《いみ》

冷《つめ》たい石《いし》でも三年間《さんねんかん》その上《うえ》にすわり続《つづ》ければ温《あたた》まるように、なげださずにがまん強《づよ》くとりくめば、結果《けっか》が出《で》るものだというたとえ。

関連《かんれん》する言葉《ことば》

似 災《わざわ》いも三年《さんねん》たてば用《よう》に立《た》つ

etizenryoma

ぼく三年《さんねん》もすわってたらあきちゃうなー

つかい方《かた》

こつこつと木材《もくざい》や石《いし》を集《あつ》めつづけて、ようやく家《いえ》が完成《かんせい》！石《いし》の上《うえ》にも三年《さんねん》だね。

石《い》橋《しばし》を叩《たた》いて渡《わた》る

意味《いみ》

がんじょうな石《いし》の橋《はし》でも、こわれないか叩《たた》いて確《たし》かめてから渡《わた》るように、用心《ようじん》に用心《ようじん》をかさねることのたとえ。

関連《かんれん》する言葉《ことば》

似 念《ねん》には念《ねん》を入《い》れよ

似 浅《あさ》い川《かわ》も深《ふか》く渡《わた》れ

つかい方《かた》

洞窟《どうくつ》のなかは危険《きけん》がいっぱい。石橋《いしばし》を叩《たた》いて渡《わた》るような用心深《ようじんぶか》さが必要《ひつよう》だ。

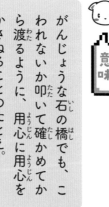

ことわざ

医者《いしゃ》の不養生《ふようじょう》

意味《いみ》

あることにくわしい専門家《せんもんか》が他人《たにん》のことにばかりいそがしく、意外《いがい》と自分《じぶん》のことはかまわないことのたとえ。

関連《かんれん》する言葉《ことば》

似 紺屋《こうや》の白袴《しろばかま》

つかい方《かた》

マイッキーが落《お》ちないようにアドバイスをしていたら、自分《じぶん》が足《あし》をふみはずしてしまった。医者《いしゃ》の不養生《ふようじょう》だな。

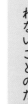

ことわざ

急《いそ》がば回《まわ》れ

意味《いみ》

あわてて危《あぶ》ないやり方《かた》をするより、時間《じかん》をかけて安全《あんぜん》なやり方《かた》をする方《ほう》が、かえって早《はや》くものごとをなしとげられるという教《おし》え。

関連《かんれん》する言葉《ことば》

似 近道《ちかみち》は遠道《とおみち》

似 急《せ》いては事《こと》を仕損《しそん》じる

対 善《ぜん》は急《いそ》げ

つかい方《かた》

急《いそ》がば回《まわ》れというし、無理《むり》に渡《わた》らずまわりにブロックを置《お》いた方《ほう》がいいんじゃないかな。

その場《ば》で回《まわ》っても……

キラ
みて！ ぜんいちくん ダイヤだ！
はやく ほろうよ！
キラ
待《ま》って待《ま》って まずは 金《きん》のピッケルを つくろう
急《いそ》がば回《まわ》れ だよ！
回《まわ》れば いいんだね？
よーし！
ぐ…
ギュイ〜〜〜ン
たしかに どんどん ほれるよ ぜんいちくん！
そうじゃないけど すごいぞ マイッキー！

故事成語《こじせいご》

一《いち》を聞《き》いて十《じゅう》を知《し》る

意味《いみ》

ものごとのほんの一部分《いちぶぶん》を見《み》聞《き》きしただけで全体《ぜんたい》を理解《りかい》できるほど賢《かしこ》いことのたとえ。

関連《かんれん》する言葉《ことば》

似 一《いち》をもって万《ばん》を察《さっ》す

ぜんいちくんは
ぼくのことなんでも
わかっちゃうんだなー

つかい方《かた》

捕《つか》まってしまったマイッキーとすこし話《はな》しただけで脱獄計画《だつごくけいかく》に気《き》づくぜんいち。頭《あたま》の回転《かいてん》の速《はや》さは、まさに一《いち》を聞《き》いて十《じゅう》を知《し》るだ。

い

ことわざ

一寸《いっすん》の虫《むし》にも五分《ごぶ》の魂《たましい》

意《い》味《み》

ちいさな虫《むし》にもそれぞれの考《かんが》えや意《い》地《じ》があるものだから、ちいさく弱《よわ》いものにみえても軽《かる》くあつかうことはできないというたとえ。

関連《かんれん》する言葉《ことば》

似 やせ腕《うで》にも骨《ほね》

似 なめくじにも角《つの》がある

つかい方《かた》

ニワトリなんてかんたんに捕《つか》まえられるとおもったら、いきなり反撃《はんげき》されてしまった！　一寸《いっすん》の虫《むし》にも五分《ごぶ》の魂《たましい》ってこと？

ことわざ

犬《いぬ》も歩《ある》けば棒《ぼう》に当《あ》たる

意味《いみ》

❶しなくてもいいことをして、痛《いた》い目《め》にあうこと。

❷出歩《である》いたりなにかをしたりして、おもいがけない幸運《こううん》にあうこと。

関連《かんれん》する言葉《ことば》

似 出《で》る杭《くい》は打《う》たれる

似 猟犬《りょうけん》は足《あし》でえさを見《み》つける（アイルランドのことわざ）

ちがったふたつの意味《いみ》があるんだ？
つかうときは気《き》をつけないとね

つかい方《かた》

❶かるい気《き》もちで廃坑《はいこう》にふみこんだら、洞窟《どうくつ》グモの大群《たいぐん》が！　犬《いぬ》も歩《ある》けば棒《ぼう》に当《あ》たるだ。

❷まよいこんだ廃坑《はいこう》の奥《おく》で金《きん》が見《み》つかった！
これも、犬《いぬ》も歩《ある》けば棒《ぼう》に当《あ》たるってやつかな。

ことわざ

井《い》の中《なか》の蛙《かわず》大《たい》海《かい》を知《し》らず

意《い》味《み》

井《い》戸《ど》にすむ蛙《かえる》がその場《ば》所《しょ》に満《まん》足《ぞく》して海《うみ》の広《ひろ》さを知《し》らないように、ものの見《み》方《かた》や考《かんが》え方《かた》がせまいことのたとえ。

関《かん》連《れん》する言《こと》葉《ば》

似 夏《なつ》の虫《むし》氷《こおり》を笑《わら》う

似 針《はり》の穴《あな》から天《てん》をのぞく

つかい方《かた》

自《じ》分《ぶん》の家《いえ》をつくりあげて満《まん》足《ぞく》していたけど、近《ちか》くにこんなにりっぱな村《むら》があったなんて、井《い》の中《なか》の蛙《かわず》大《たい》海《かい》を知《し》らずだったね。

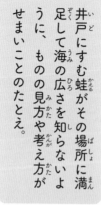

ことわざ

言《い》わぬが花《はな》

意《い》味《み》

言《い》わずにおいた方《ほう》が、かえっておもむきがあってよい、ということ。

関《かん》連《れん》する言《こと》葉《ば》

似 沈《ちん》黙《もく》は金《きん》、雄《ゆう》弁《べん》は銀《ぎん》

同《おな》じ海《うみ》のなかまだとおもってるマイッキーのためにもね

つかい方《かた》

マイッキーが話《はな》しかけているイカは、じつは変身《へんしん》したぜんいちなんだけど、本人《ほんにん》がたのしそうだから、言《い》わぬが花《はな》かな。

有頂天《うちょうてん》になる

意味《いみ》

うれしかったり得意《とくい》になったりで、すっかり夢中《むちゅう》になること。

つかい方《かた》

働《はたら》いたごほうびに自分《じぶん》の部屋《へや》を広《ひろ》くしてもらえると聞《き》いて、マイッキーは有頂天《うちょうてん》になった。

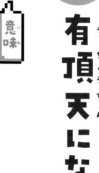

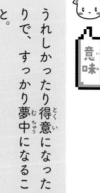

ことわざ

鵜《う》の目《め》鷹《たか》の目《め》

意味《いみ》

鵜《う》や鷹《たか》のような鳥《とり》がえものをさがすときのように、熱心《ねっしん》にものをさがすようす。また、その目《め》つき。

関連《かんれん》する言葉《ことば》

似 鵜《う》の餌《え》鷹《たか》の餌《え》

鷹《たか》の目《め》ってなんかかっこよくない？

つかい方《かた》

ここから脱出《だっしゅつ》する方法《ほうほう》を鵜《う》の目《め》鷹《たか》の目《め》で探《さが》しているけど、まだうまいやり方《かた》は見《み》つからない。

ことわざ

馬《うま》の耳《みみ》に念《ねん》仏《ぶつ》

意《い》味《み》

ありがたい念仏《ねんぶつ》を馬《うま》に聞《き》かせても通《つう》じないように、いくら注《ちゅう》意《い》されても少《すこ》しも言《い》うことを聞《き》かないことのたとえ。

関《かん》連《れん》する言《こと》葉《ば》

似 犬《いぬ》に論《ろん》語《ご》

似 柳《やなぎ》に風《かぜ》

似 馬《ば》耳《じ》東《とう》風《ふう》

このあとしっかり
やられてたよね

つかい方《かた》

鉄《てつ》のヘルメットじゃレーザーは防《ふせ》げないって言《い》ってるのに、マイッキーには馬《うま》の耳《みみ》に念仏《ねんぶつ》だ。ひどい目《め》にあうぞ。

ぜんぜん通《つう》じない

いいかい この柵《さく》から こっちには
ぜったい きちゃだめだよ
それから チェストのなかには
ぼくのたいせつな 金《きん》のリンゴが 入《はい》ってるから
バタッ
ぜったいに……
ぜんいちく〜ん
まさに 馬《うま》の耳《みみ》に 念仏《ねんぶつ》だね

ことわざ

海《うみ》の物《もの》とも山《やま》の物《もの》ともつかない

意味《いみ》

ものごとの性質《せいしつ》がはっきりせず、将来《しょうらい》どうなるかわからないということ。

Baby zenichi_maiz
ストック

ぜんいちくんみたいに
かっこよくなるに
きまってるよ！

つかい方《かた》

何《なに》が出《で》るかわからないラッキーブロックをこわしたら、「ミニぜんいち」が出《で》てきた！ 海《うみ》の物《もの》とも山《やま》の物《もの》ともつかないけど、かわいいからまあいいか！

ことわざ

海老《えび》で鯛《たい》を釣《つ》る

意味《いみ》

わずかな元手《もとで》や労力《ろうりょく》で、大《おお》きな成果《せいか》をあげることのたとえ。

関連《かんれん》する言葉《ことば》

似 麦飯《むぎめし》で鯉《こい》を釣《つ》る

似 雑魚《ざこ》で鯛《たい》を釣《つ》る

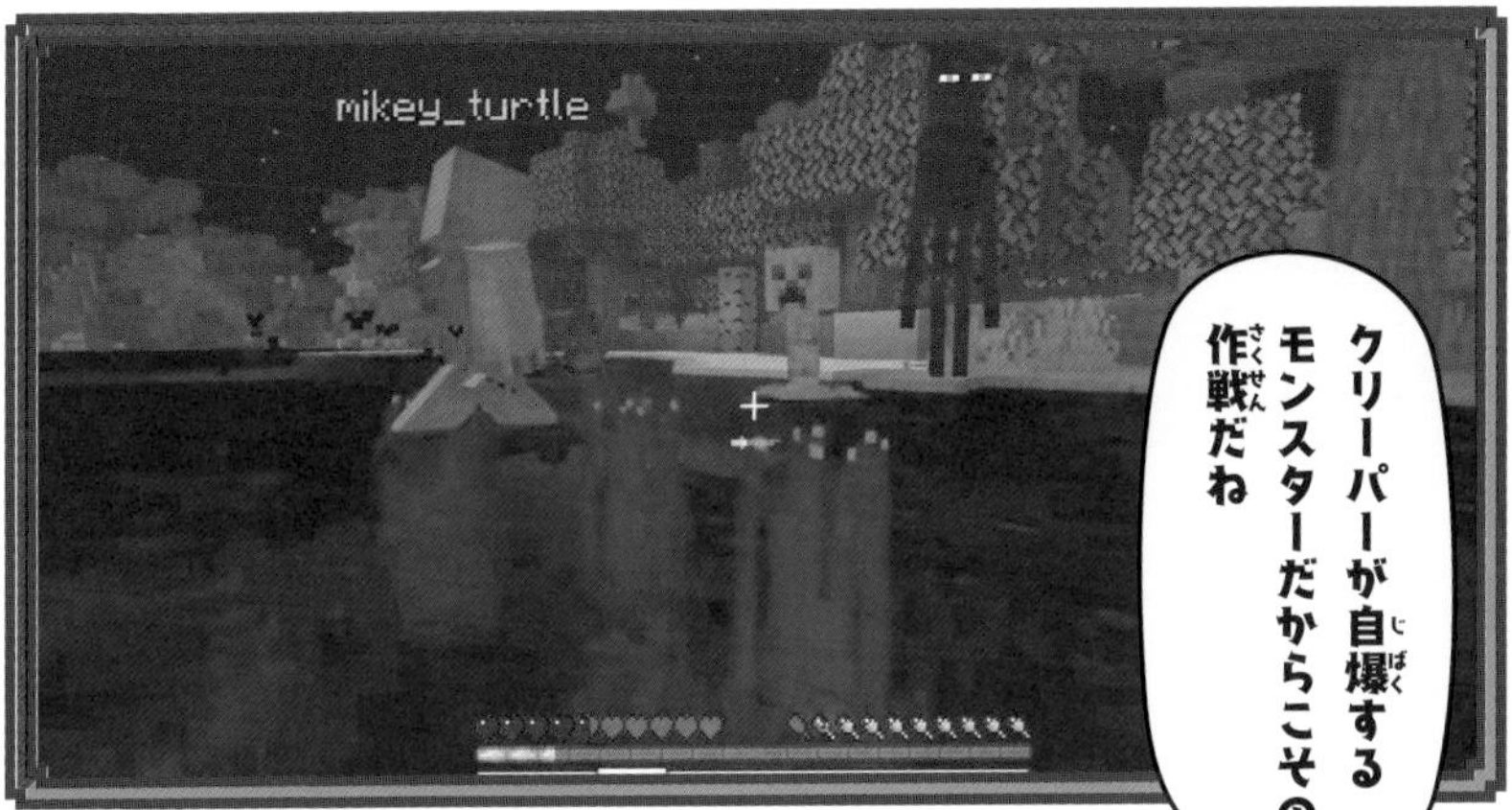
mikey_turtle

クリーパーが自爆《じばく》するモンスターだからこその作戦《さくせん》だね

つかい方《かた》

クリーパーを爆発《ばくはつ》させて、そばにいるエンダーマンを倒《たお》すぞ。海老《えび》で鯛《たい》を釣《つ》る作戦《さくせん》だ。

お

ことわざ

大風《おおかぜ》が吹《ふ》けば桶《おけ》屋《や》が儲《もう》かる

意《い》味《み》

① あるものごとが、思《おも》いもかけないところに意外《いがい》な影響《えいきょう》をあたえることのたとえ。

② あてにならないことを期待《きたい》することのたとえ。

関連《かんれん》する言葉《ことば》

似 風《かぜ》が吹《ふ》けば桶屋《おけや》が儲《もう》かる

つかい方《かた》

噴水《ふんすい》のボタンを押《お》しただけなのに、花火《はなび》があがった!! レッドストーン回路《かいろ》の効果《こうか》は、まるで大風《おおかぜ》が吹《ふ》けば桶《おけ》屋《や》が儲《もう》かるだね。

なんで風《かぜ》が吹《ふ》いたら桶《おけ》を売《う》る人《ひと》が儲《もう》かるの？
それはこういうことらしいよ？

「桶屋《おけや》が儲《もう》かる」までのしくみ

風《かぜ》が吹《ふ》くと砂《すな》ぼこりがまいあがって目《め》に入《はい》る。

→目《め》が傷《きず》ついて目《め》が見《み》えなくなってしまう人《ひと》がふえる。

→その人《ひと》が三味線《しゃみせん》をひいてお金《かね》をもらう仕事《しごと》をはじめる。

→三味線《しゃみせん》には猫《ねこ》の皮《かわ》が使《つか》われるので、猫《ねこ》がつかまえられる。

→猫《ねこ》がへると天敵《てんてき》がいなくなったねずみがふえる。

→ねずみに木《き》の桶《おけ》をかじられた人《ひと》が、新《あたら》しい桶《おけ》を買《か》う。

→桶屋《おけや》が儲《もう》かる。

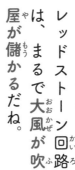

ことわざ

陸《おか》に上《あ》がった河童《かっぱ》

意味《いみ》

川《かわ》にすむ河童《かっぱ》が陸《りく》に上《あ》げられたときのように、苦手《にがて》な状況《じょうきょう》で本来《ほんらい》の力《ちから》を出《だ》せないこと。

関連《かんれん》する言葉《ことば》

対 水《みず》を得《え》た魚《さかな》

ぼくは剣《けん》でたおしちゃうけどね！

つかい方《かた》

ゾンビは危険《きけん》なモンスターだけど、太陽《たいよう》の光《ひかり》に弱《よわ》いから、朝《あさ》がくれば陸《おか》に上《あ》がった河童《かっぱ》だ。

お

ことわざ

同《おな》じ穴《あな》のむじな

意味《いみ》

無関係《むかんけい》のようでじつは同《おな》じ仲間《なかま》であることのたとえ。とくに悪《わる》い仲間《なかま》のときにつかう。

関連《かんれん》する言葉《ことば》

似 同《おな》じ羽《はね》の鳥《とり》は集《あつ》まる
（英語《えいご》のことわざ）

「むじな」は アナグマの
仲間《なかま》のことなんだって

つかい方《かた》

ぜんいちとマイッキーが移住《いじゅう》した怪《あや》しい村《むら》で事件《じけん》が発生《はっせい》！　村人《むらびと》たちはおたがいを疑《うたが》っているけど、みんな同《おな》じ穴《あな》のむじなに見《み》えるぞ。

ことわざ

帯《おび》に短《みじか》したすきに長《なが》し

意味《いみ》

帯《おび》を「長《なが》いもの」に、たすきを「短《みじか》いもの」に、それぞれたとえて、中途半端《ちゅうとはんぱ》でどちらにも使《つか》えないという意味《いみ》。

関連《かんれん》する言葉《ことば》

似 杓子《しゃくし》は耳《みみ》かきにならず

似 長持《ながも》ちは枕《まくら》にならず

対 大《だい》は小《しょう》を兼《か》ねる

mikey_turtle
ストック
たすきは 着物《きもの》のそでをとめるためのひもだね

つかい方《かた》

ラッキーブロックをこわして出《で》てきたのは「木《き》の棒《ぼう》」だった。帯《おび》に短《みじか》したすきに長《なが》しで、この先《さき》のアスレチックには使《つか》えなそうだ。

ことわざ

溺《おぼ》れる者《もの》はわらをもつかむ

意味《いみ》

とても困《こま》っているときには、頼《たよ》りにならないものでも頼《たよ》ってしまうことのたとえ。

関連《かんれん》する言葉《ことば》

似 溺《おぼ》れる者《もの》は真《ま》っ赤《か》に焼《や》けた釘《くぎ》をもつかむ（スペインのことわざ）

外国《がいこく》の似《に》たことわざにはカミソリや苔《こけ》をつかむっていうものもあるんだって

つかい方《かた》

危険《きけん》な組織《そしき》に閉《と》じこめられた！この巨大《きょだい》トイレの下水道《げすいどう》が安全《あんぜん》かはわからないけど、溺《おぼ》れる者《もの》はわらをもつかむだ。ここから脱出《だっしゅつ》しよう！

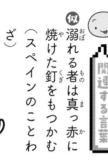

ことわざ

か

蛙《かえる》の面《つら》に水《みず》

意味《いみ》

水辺《みずべ》にすむ蛙《かえる》に水《みず》をかけても平気《へいき》なことにたとえて、何《なに》を言《い》われてもされても平気《へいき》なこと。

関連《かんれん》する言葉《ことば》

似 馬《うま》の耳《みみ》に念仏《ねんぶつ》

mikey_turtle
装備《そうび》には強《つよ》い効果《こうか》が追加《ついか》されることがあるんだよね

つかい方《かた》

爆破《ばくは》耐性《たいせい》がある装備《そうび》を身《み》につけたおかげで、クリーパーが爆発《ばくはつ》しても蛙《かえる》の面《つら》に水《みず》だ！

水《みず》じゃないから

ダイヤのかぶとをつくってみたよ
これでどんな攻撃《こうげき》も蛙《かえる》の面《つら》に水《みず》だね
え？ ぜんいちくんぬれてもへいきなの？
水《みず》？ もちろんだいじょう……
ぐつ
ぐつ
マグマ!!
いくっすよ〜〜〜
ちょちょちょまってー！

慣用句《かんようく》

顔《かお》から火《ひ》が出《で》る

意《い》味《み》

とても恥《は》ずかしくて顔《かお》が真《ま》っ赤《か》になること。

ま まあ はずかしく
なんかないっすけどね！

つかい方《かた》

自分《じぶん》こそ伝説《でんせつ》の剣《けん》を抜《ぬ》ける勇者《ゆうしゃ》だとかんちがいしていたけど、ちがったみたい。顔《かお》から火《ひ》が出《で》る思《おも》いだ。

故事成語《こじせいご》

刀《かたな》折《お》れ矢《や》尽《つ》きる

意《い》味《み》

ものごとが行《い》き詰《づ》まって、続《つづ》けようがなくなることのたとえ。

関《かん》連《れん》する言《こと》葉《ば》

- 似 弓《ゆみ》折《お》れ矢《や》尽《つ》きる
- 似 二進《にっち》も三進《さっち》も行《い》かない
- 似 万事休《ばんじきゅう》す
- 似 万策《ばんさく》尽《つ》きる

つかい方《かた》

最強《さいきょう》のボス「ウィザー」の大《おお》あばれに、さすがのぜんいちも刀《かたな》折《お》れ矢《や》尽《つ》きてこれ以上《いじょう》進《すす》むことができなそうだ。

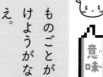

ことわざ

勝《か》って兜《かぶと》の緒《お》を締《し》めよ

意味《いみ》

勝負《しょうぶ》に勝《か》ったり成功《せいこう》したりした後《あと》でも、油断《ゆだん》せず気《き》をひきしめよという教《おし》え。

関連《かんれん》する言葉《ことば》

似 油断大敵《ゆだんたいてき》

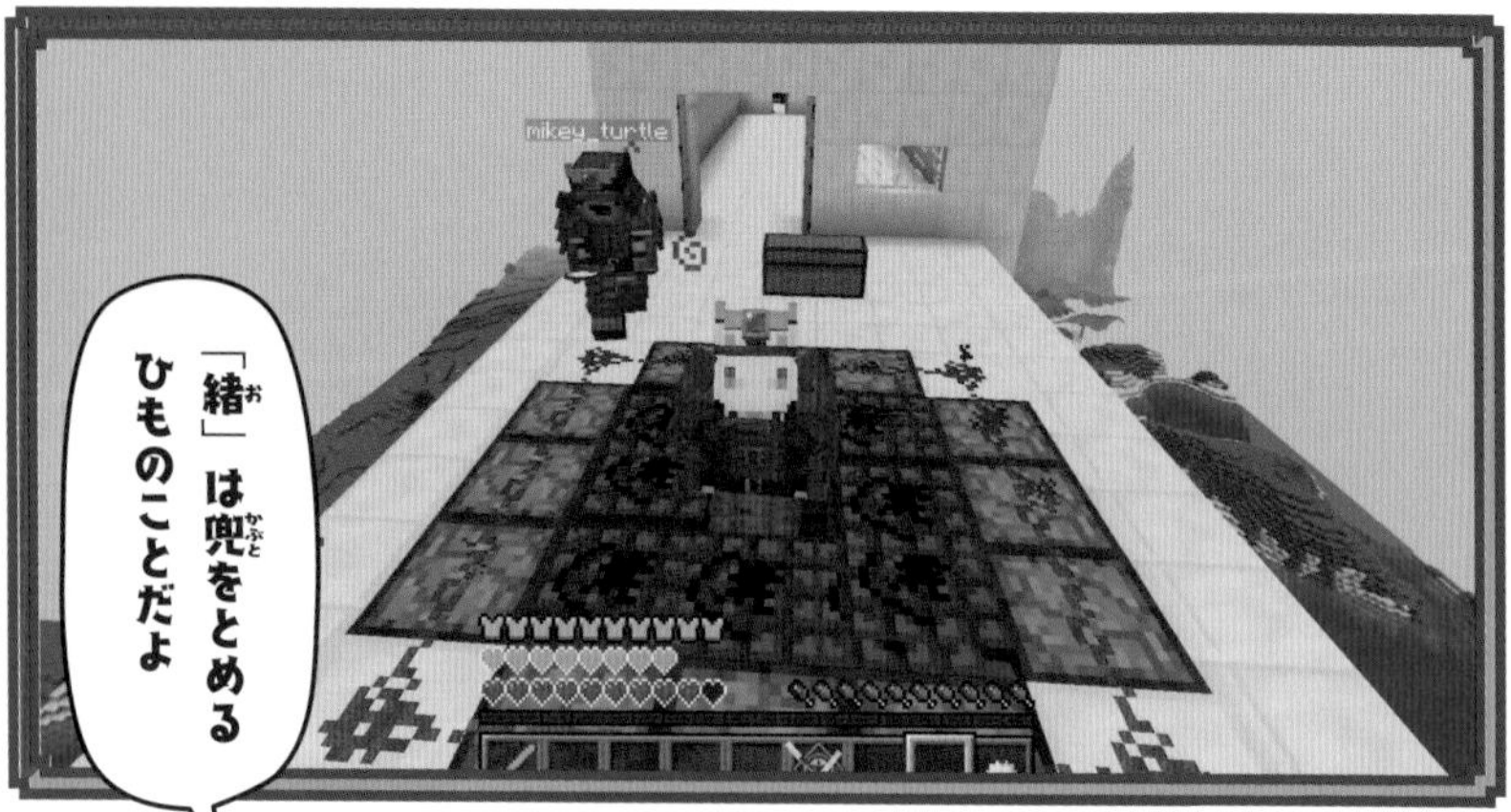

つかい方《かた》

最強《さいきょう》の装備《そうび》を手《て》に入《い》れたけど、この先《さき》も何《なに》があるかわからない。勝《か》って兜《かぶと》の緒《お》を締《し》めよだ。

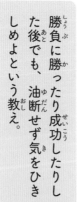

ことわざ

か

河童《かっぱ》の川流《かわなが》れ

意《い》味《み》

泳《およ》ぎが得意《とくい》な河童《かっぱ》でも川《かわ》でおぼれることがあるように、どんな名人《めいじん》でも失《しっ》敗《ぱい》することがあるというたとえ。

関連《かんれん》する言葉《ことば》

似 弘法《こうぼう》にも筆《ふで》の誤《あやま》り

似 猿《さる》も木《き》から落《お》ちる

似 上手《じょうず》の手《て》から水《みず》が漏《も》る

死んでしまった!
zenichi_maizen は溺れ死んだ
スコア: 488
リスポーン
タイトル画面へ戻る
18

酸素《さんそ》の量《りょう》にはいつも注意《ちゅうい》しないとね

つかい方《かた》

河童《かっぱ》の川流《かわなが》れというくらいだから、しっかり者《もの》のぜんいちでも、水中《すいちゅう》で酸素《さんそ》がなくなっておぼれてしまうこともあるよね。

か

ことわざ

蟹《かに》の横《よこ》ばい

意味《いみ》

❶他人《たにん》とはちがったとしても、本人《ほんにん》にとってはそれが一番《いちばん》うまくできる、ということ。

❷じゃまが入《はい》るなどして、ものごとがうまく進《すす》まないことのたとえ。

不用心《ぶようじん》だと
おもうけどねー

つかい方《かた》

マイッキーは家《いえ》に扉《とびら》をつけないつもりらしい。蟹《かに》の横《よこ》ばいというし、本人《ほんにん》がいいならやらせてみるか。

ことわざ

亀《かめ》の甲《こう》より年《とし》の功《こう》

か

意味《いみ》

長《なが》い間《あいだ》の経験《けいけん》で身《み》につけたもの（功《こう》）の尊《とうと》さを亀《かめ》の甲羅《こうら》にかさねた言葉《ことば》。

関連《かんれん》する言葉《ことば》

似 古狐《ふるぎつね》は罠《わな》を知《し》る（イギリスのことわざ）

似 老犬《ろうけん》なら猟《りょう》がしやすい（ドイツのことわざ）

逆《ぎゃく》に 甲羅《こうら》があれば尊《とうと》いってことにならないかなー

つかい方《かた》

これまでの自動装置《じどうそうち》づくりの経験《けいけん》をいかして金《きん》を自動《じどう》で生《う》みだす工場《こうじょう》をつくりあげたぜんいち。まさに亀《かめ》の甲《こう》より年《とし》の功《こう》だ。

か

ことわざ

枯《か》れ木《き》も山《やま》のにぎわい

意味《いみ》

つまらないものでも、ないよりはましだということのたとえ。自分《じぶん》がへりくだって使《つか》う言葉《ことば》なので、他人《たにん》に対《たい》して使《つか》うと失礼《しつれい》になる。

関連《かんれん》する言葉《ことば》

似 よくない茂《しげ》みでも何《なに》もない野原《のはら》よりはよい（英語《えいご》のことわざ）

ダイヤの装備《そうび》がほしいなー
鉱石《こうせき》をあつめて強《つよ》い装備《そうび》をそろえよう！

つかい方《かた》

革《かわ》の装備《そうび》は頼《たよ》りないけど、枯《か》れ木《き》も山《やま》のにぎわいというし、つけないよりはいいだろう。

ことわざ

かわいい子《こ》には旅《たび》をさせよ

か

意味《いみ》

子《こ》どもを大切《たいせつ》におもうのなら、甘《あま》やかすばかりでなく苦《く》労《ろう》をさせた方《ほう》がよいという教《おし》え。

関連《かんれん》する言葉《ことば》

似 獅《し》子《し》の子《こ》落《お》とし

おかげでぼく建築《けんちく》
大好《だいす》きになったよ！

つかい方《かた》

マイッキーを育《そだ》てたおじいちゃんは、ちいさなマイッキーにも家《いえ》づくりをやらせた。かわいい子《こ》には旅《たび》をさせよというからね。

故事成語《こじせいご》

窮《きゅう》鼠《そ》猫《ねこ》を噛《か》む

意味《いみ》

弱《よわ》いものでも追《お》いつめられると必死《ひっし》でたたかうので、強《つよ》いものを負《ま》かすことがあるというたとえ。

関連《かんれん》する言葉《ことば》

似 禽困覆車《きんこんふくしゃ》

つかい方《かた》

袋小路《ふくろこうじ》に追《お》いつめられてしまったけど、落《お》とし穴《あな》で逆転《ぎゃくてん》だ。窮《きゅう》鼠《そ》猫《ねこ》を噛《か》むというところを見《み》せてやる。

漁《ぎょ》夫《ふ》の利《り》

意《い》味《み》

ふたつの勢力《せいりょく》や人《ひと》が利益《りえき》を得《え》ようとあらそうすきに、ほかのものがかんたんにその利益《りえき》を得《え》てしまうことのたとえ。

関連《かんれん》する言葉《ことば》

似 濡《ぬ》れ手《て》で粟《あわ》

ぜんいちくん
カッコイイなーって
見《み》てただけだよ！

つかい方《かた》

ぜんいちの戦《たたか》いを遠《とお》くで見守《みまも》るマイッキーは、そのすきに先《さき》に進《すす》もうと、漁夫《ぎょふ》の利《り》をねらっているのかな？

ことわざ

清水《きよみず》の舞台《ぶたい》から飛《と》び降《お》りる

意味《いみ》

思《おも》い切《き》って大《おお》きな決心《けっしん》をすることのたとえ。

関連《かんれん》する言葉《ことば》

似 樽《たる》に入《はい》ってナイアガラの滝《たき》をくだる（英《えい》語《ご》のことわざ）

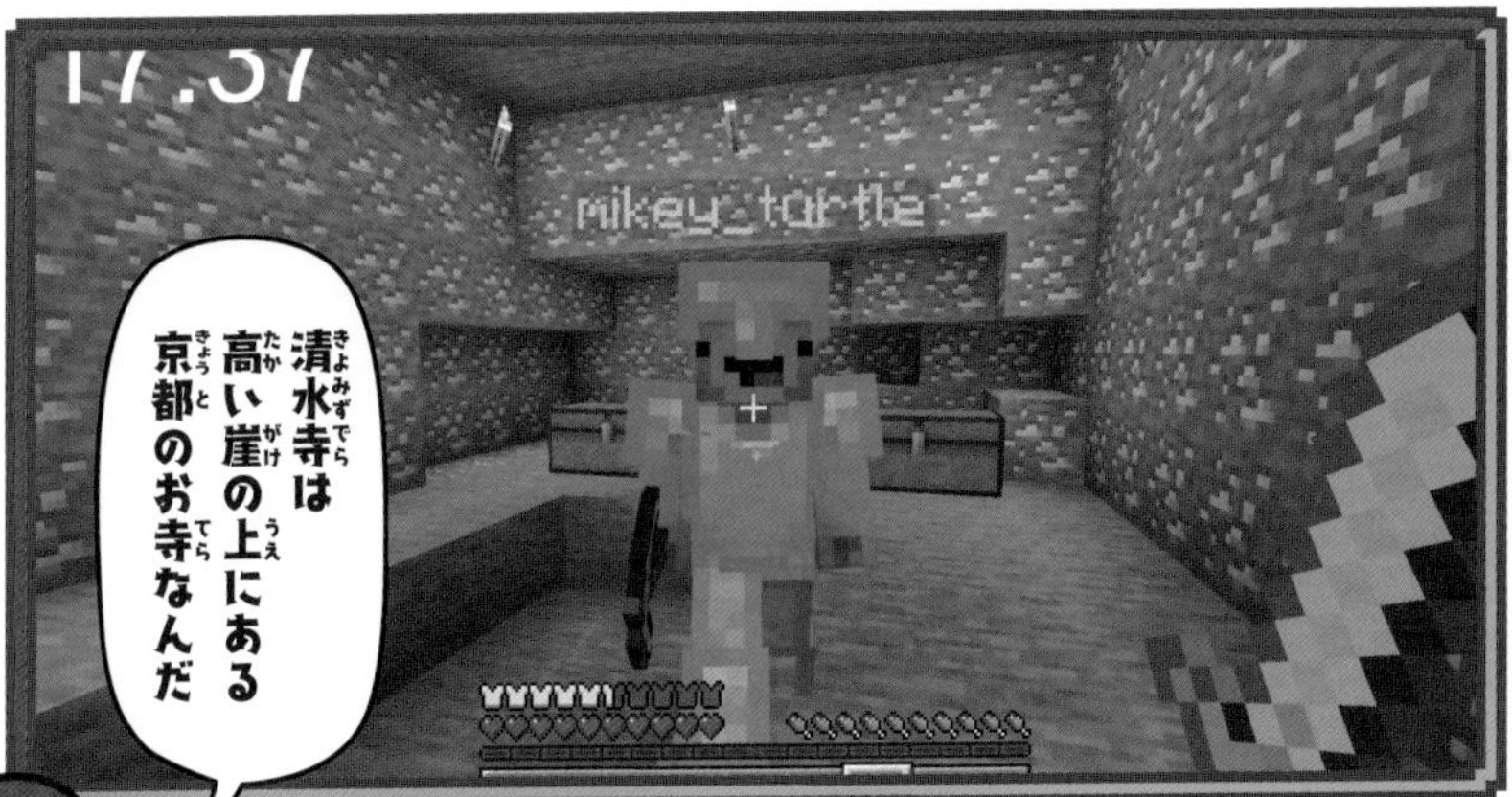
清水寺《きよみずでら》は高《たか》い崖《がけ》の上《うえ》にある京都《きょうと》のお寺《てら》なんだ

つかい方《かた》

貴重《きちょう》なダイヤだけど、清水《きよみず》の舞台《ぶたい》から飛《と》び降《お》りるつもりで、ダイヤ装備《そうび》をつくった。これでどんな敵《てき》もこわくないぞ！

ことわざ

木《き》を見《み》て森《もり》を見《み》ず

意《い》味《み》

ささいな一《いち》部《ぶ》分《ぶん》にこだわって全《ぜん》体《たい》がわからないことのたとえ。

関《かん》連《れん》する言《こと》葉《ば》

似 鹿《しか》を追《お》う者《もの》は山《やま》を見《み》ず

ピンキーはトマト帝国《ていこく》であったピンクのクマだね
「〇〇だよ〜お」ってよく言《い》ってたね

つかい方《かた》

ピンキーの独特《どくとく》なしゃべり方《かた》が気《き》になって、話《はなし》の内容《ないよう》を忘《わす》れてしまった。木《き》を見《み》て森《もり》を見《み》ずだ。

ことわざ

口《くち》は災《わざわ》いの元《もと》

意味《いみ》

うっかり話《はな》したことから災難《さいなん》をまねくことがあるので、言葉《ことば》はつつしんだ方《ほう》がよいということ。

関連《かんれん》する言葉《ことば》

似 口《くち》は災《わざわ》いの門《もん》

似 災《わざわ》いは口《くち》から出《で》る（英語《えいご》のことわざ）

つかい方《かた》

エンダードラゴンをたおすなんてカンタンだと見栄《みえ》をはったら、ひとりで挑《いど》むことになってしまった。口《くち》は災《わざわ》いの元《もと》だね。

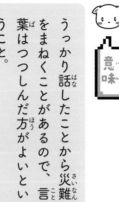

ことわざ

君子危《くんしあや》うきに近寄《ちかよ》らず

意味《いみ》

ものごとをわきまえた立派《りっぱ》な人《ひと》は、自分《じぶん》を大切《たいせつ》にして、むやみに危《あぶ》ないことをしないものだという教《おし》え。

関連《かんれん》する言葉《ことば》

似 賢《かしこ》い人《ひと》はけっして危《き》険《けん》をもとめない（英《えい》語《ご》のことわざ）

つかい方《かた》

君子危《くんしあや》うきに近寄《ちかよ》らずというし、こんなクリーパーだらけの場所《ばしょ》にわざわざ立《た》ち入《い》るのはやめておこう。

ことわざ

こ

郷《ごう》に入《い》っては郷《ごう》に従《したが》え

意味《いみ》

人《ひと》は自分《じぶん》がいるところのしきたりに従《したが》うのがよいということ。また、新《あら》たな土地《とち》では、その土地《とち》の習《なら》わしに従《したが》うべきだということ。

関連《かんれん》する言葉《ことば》

似 ローマではローマ人《じん》がするようにやれ（イタリアのことわざ）

似 よその僧院《そういん》に自分《じぶん》たちの掟《おきて》を持《も》ちこんではならない（ロシアのことわざ）

nana
なんだかすこし怪《あや》しいけどねー？

つかい方《かた》

毎日遊《まいにちあそ》んでいられる「天国《てんごく》」で暮《く》らしはじめたマイッキーを訪《たず》ねたぞ。郷《ごう》に入《い》っては郷《ごう》に従《したが》えというけど、何《なに》もしなくていいのかなあ？

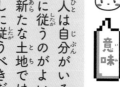

ことわざ

弘《こう》法《ぼう》にも筆《ふで》の誤《あやま》り

こ

意《い》味《み》

書道《しょどう》の名人《めいじん》の弘法大師《こうぼうだいし》でも書《か》きそんじることがあるように、どんな名人《めいじん》でも、ときには失敗《しっぱい》するということのたとえ。

関連《かんれん》する言葉《ことば》

似 河童《かっぱ》の川流《かわなが》れ
似 猿《さる》も木《き》から落《お》ちる
似 上手《じょうず》の手《て》から水《みず》が漏《も》れる

弘法大師《こうぼうだいし》は空海《くうかい》さんともよばれているよ

つかい方《かた》

マイッキーのペットをまちがえてモンスターにしちゃうなんて、ぜんいちとしたことが弘法《こうぼう》にも筆《ふで》の誤《あやま》りだね。

弘法《こうぼう》筆《ふで》を選《えら》ばず

意味《いみ》

書道《しょどう》の名人《めいじん》の弘法大師《こうぼうだいし》はどんな筆《ふで》をつかってもじょうずに書《か》けたということから、名人《めいじん》はどんな道具《どうぐ》をつかってもうまくできるということ。

関連《かんれん》する言葉《ことば》

似 熟練《じゅくれん》の石工《いしく》はどんな石《いし》もけずれる（英語《えいご》のことわざ）

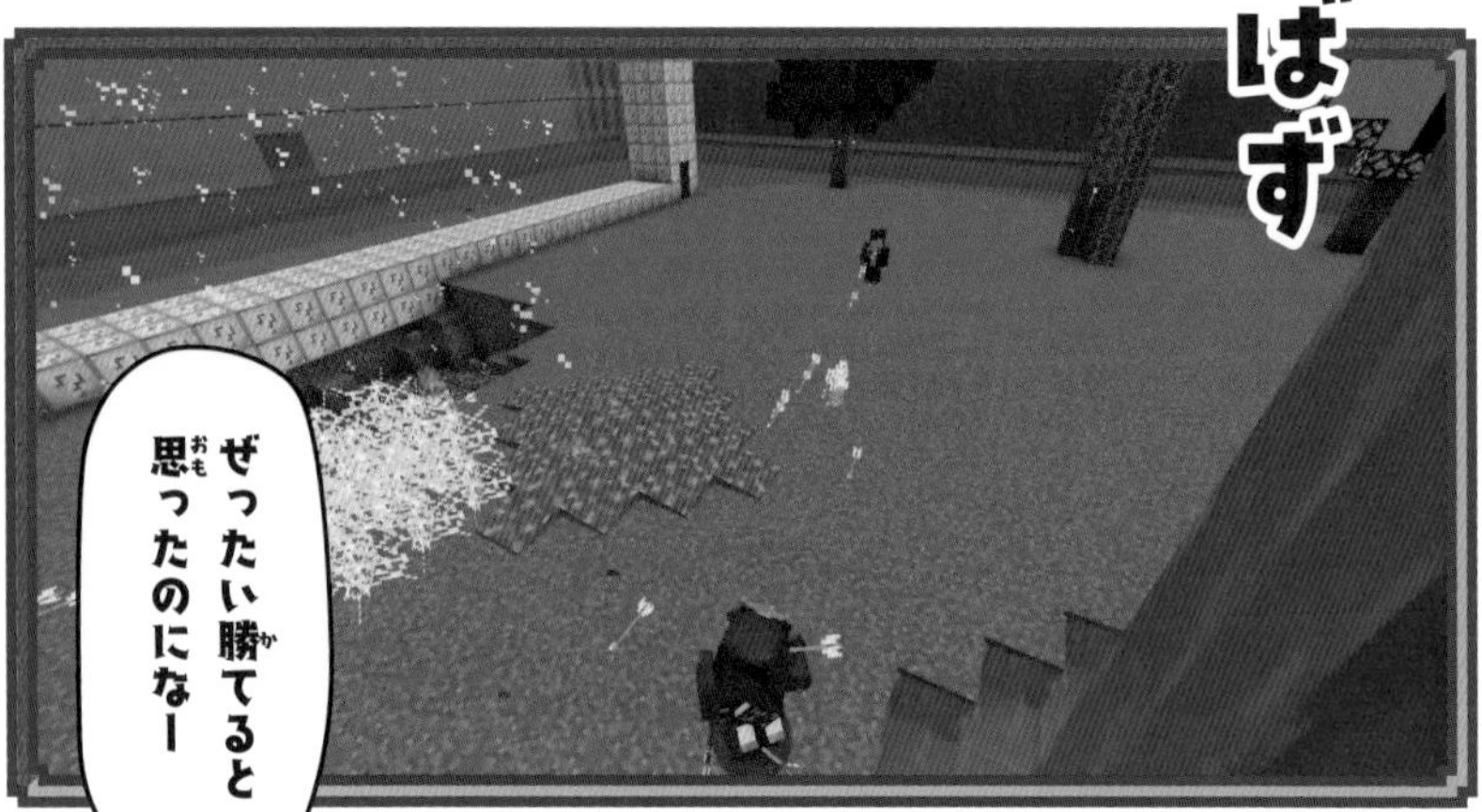

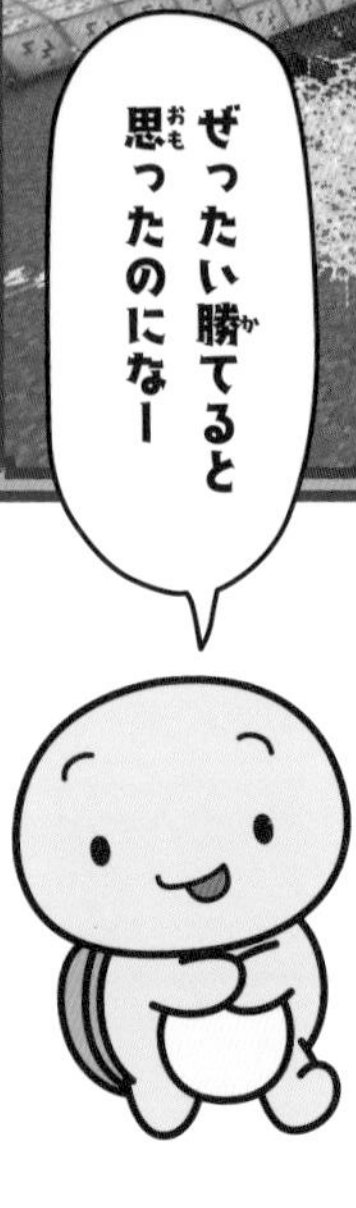

つかい方《かた》

最強《さいきょう》の「武士《ぶし》セット」を装備《そうび》したマイッキーと対戦《たいせん》するぜんいち。弓《ゆみ》だけの装備《そうび》でも、弘法筆《こうぼうふで》を選《えら》ばずでマイッキーを追《お》いつめている。

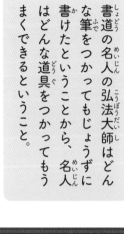

故事成語《こじせいご》

五《ご》十《じっ》歩《ぽ》百《ひゃっ》歩《ぽ》

意味《いみ》

敵《てき》から五十歩《ごじっぽ》逃《に》げた人《ひと》が百歩《ひゃっぽ》逃《に》げた人《ひと》を臆病《おくびょう》だと笑《わら》うという話《はなし》から、多少《たしょう》ちがうようでも実際《じっさい》にはほとんど同《おな》じであることのたとえ。

関連《かんれん》する言葉《ことば》

似 大同小異《だいどうしょうい》

似 目《め》くそ鼻《はな》くそを笑《わら》う

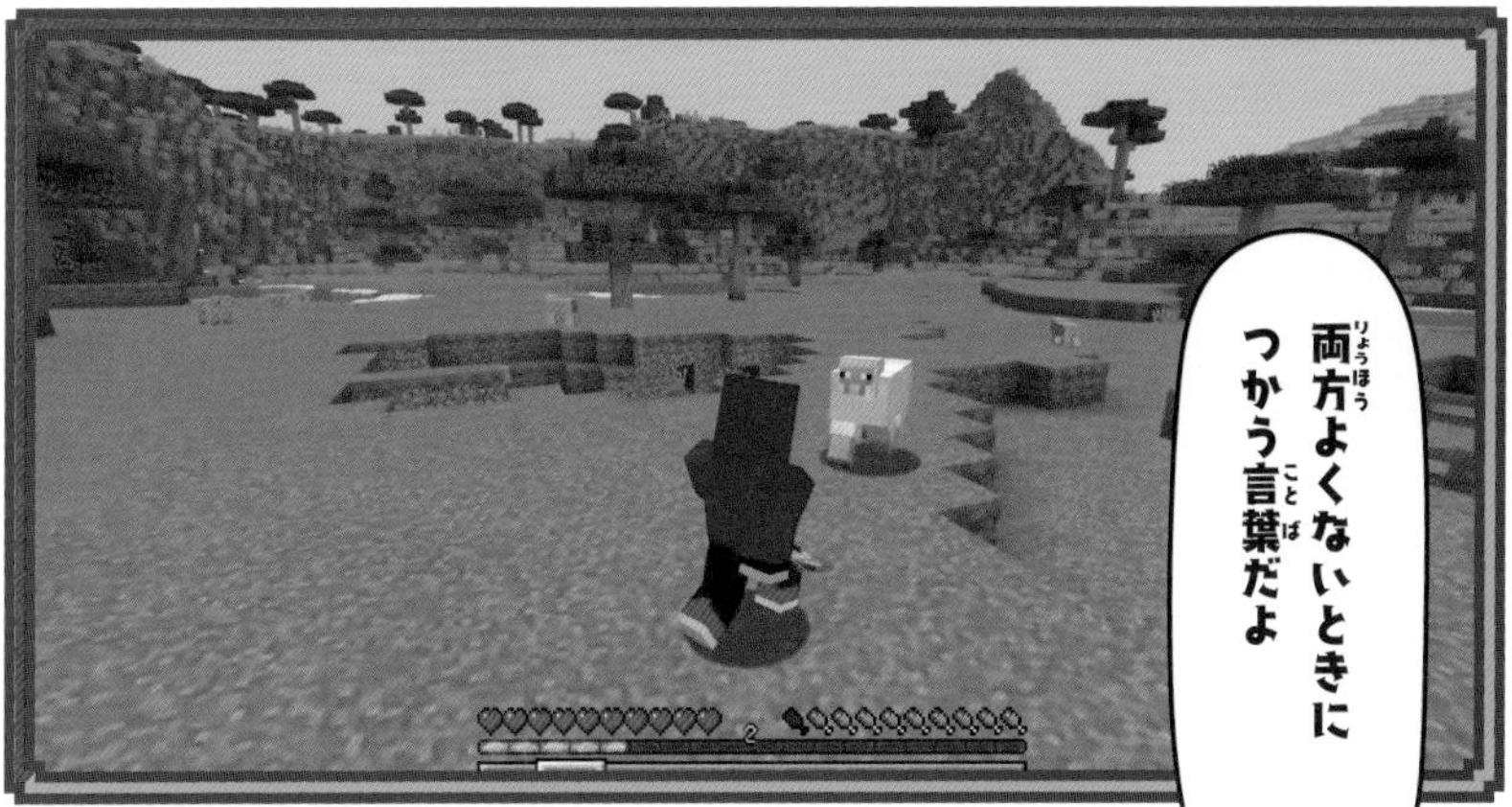

つかい方《かた》

マイッキーと牧場《ぼくじょう》を大《おお》きくする競争《きょうそう》をしているけど、動物《どうぶつ》を集《あつ》めるのに手間取《てまど》ってしまい、進《すす》みぐあいは五十歩百歩《ごじっぽひゃっぽ》だ。

こ

転《ころ》ばぬ先《さき》の杖《つえ》

意味《いみ》

失敗《しっぱい》しないために事前《じぜん》によく注意《ちゅうい》したり備《そな》えたりすることのたとえ。

関連《かんれん》する言葉《ことば》

似 念《ねん》には念《ねん》を入《い》れよ

似 石橋《いしばし》を叩《たた》いて渡《わた》る

対 泥棒《どろぼう》をとらえて縄《なわ》をなう

マイッキー救出《きゅうしゅつ》のためにチート技《わざ》をつかっちゃった

つかい方《かた》

捕《つか》まったマイッキーを助《たす》けて監獄《かんごく》から脱出《だっしゅつ》だ！ 転《ころ》ばぬ先《さき》の杖《つえ》で用意《ようい》しておいた脱出装《だっしゅつそう》置《ち》が役《やく》に立《た》った！

つい興奮《こうふん》しちゃって

クモやゾンビにそなえてセキュリティハウスをつくろう！
転《ころ》ばぬ先《さき》の杖《つえ》だね！
ドアの前《まえ》にTNT《ティーエヌティー》をしかけて
スイッチで起爆《きばく》するようにしたんだ
TNT
TNT
うわーっすごいよ！これなら安心《あんしん》――
ぴょ〜ん
カチッ
マイッキー!!
ちゅど〜ん！

ことわざ

転《ころ》んでもただでは起《お》きぬ

意味《いみ》

失敗《しっぱい》しても、そこから何《なに》か役《やく》立《だ》つものを得《え》るということ。

関連《かんれん》する言葉《ことば》

似 受領《ずりょう》は倒《たお》るる所《ところ》に土《つち》をつかめ

つかい方《かた》

脱出《だっしゅつ》に失敗《しっぱい》して牢屋《ろうや》に入《い》れられてしまったけど、転《ころ》んでもただでは起《お》きぬの気持《きも》ちで、牢屋《ろうや》を快適《かいてき》な部屋《へや》に改造《かいぞう》しよう。

策《さく》士《し》策《さく》に溺《おぼ》れる

意味《いみ》

はかりごとのうまい人《ひと》は、そのはかりごとに頼《たよ》りすぎて失敗《しっぱい》するものだということ。

関連《かんれん》する言葉《ことば》

似 才子《さいし》才《さい》に倒《たお》れる

似 才知《さいち》は身《み》の仇《あだ》

エンダードラゴンの攻撃力《こうげきりょく》をあまく見《み》ちゃったね
Golden Apple

つかい方《かた》

守備力《しゅびりょく》が高《たか》まる金《きん》のリンゴがあれば強敵《きょうてき》もこわくないと思《おも》って食《た》べまくったけど、エンダードラゴンにはかなわなかった。策士策《さくしさく》に溺《おぼ》れる、だ。

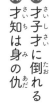

慣用句《かんようく》

匙《さじ》を投《な》げる

意《い》味《み》

手《て》をつくしたけど、ものごとの見込《みこ》みが立《た》たずにあきらめること。

お医者《いしゃ》さんが薬《くすり》を調合《ちょうごう》する匙《さじ》を投《な》げだすってことだね

つかい方《かた》

ダイヤを探《さが》してほりはじめたけど、出《で》てくるのは鉄《てつ》ばかり。さしものぜんいちもはやくも匙《さじ》を投《な》げたくなってきた。

ことわざ

猿《さる》も木《き》から落《お》ちる

意味《いみ》

木登《きのぼ》りが得意《とくい》な猿《さる》がうっかり木《き》から落《お》ちるように、どんな名人《めいじん》でも失敗《しっぱい》するということのたとえ。

関連《かんれん》する言葉《ことば》

似 河童《かっぱ》の川流《かわなが》れ

似 弘法《こうぼう》にも筆《ふで》の誤《あやま》り

似《に》た意味《いみ》のことわざってけっこうあるんだね！

つかい方《かた》

洞窟《どうくつ》にすむゾンビでも、自分《じぶん》のすみかのクモの巣《す》に引《ひ》っかかることがあるんだな。猿《さる》も木《き》から落《お》ちるだね。

触《さわ》らぬ神《かみ》に祟《たた》りなし

意味《いみ》

よけいなことにかかわらなければ、災《わざわ》いにまきこまれる心《しん》配《ぱい》もないということ。

関《かん》連《れん》する言《こと》葉《ば》

似 当《あ》たらぬ蜂《はち》は刺《さ》さぬ

似 知《し》らぬ神《かみ》に祟《たた》りなし

マイッキーは自分《じぶん》からどんどん触《さわ》りにいっちゃうけどね

つかい方《かた》

モンスターのなかには、こちらから攻撃《こうげき》しなければおそってこないやつもいる。触《さわ》らぬ神《かみ》に祟《たた》りなしってことだ。

ことわざ

失敗《しっぱい》は成功《せいこう》のもと

し

意味《いみ》

たとえ失敗《しっぱい》したとしても、その失敗《しっぱい》の原因《げんいん》になったところをなおしていけば、成功《せいこう》に近《ちか》づくものだ、という教《おし》え。

関連《かんれん》する言葉《ことば》

似 失敗《しっぱい》は成功《せいこう》の母《はは》

似 道《みち》に迷《まよ》うことは道《みち》を知《し》ること（ケニアのことわざ）

ぼくはそんなに失敗《しっぱい》しないっすけどねー

つかい方《かた》

あっさりトラップにひっかかってしまったけど、失敗《しっぱい》は成功《せいこう》のもとという気持《きも》ちで、くじけずに再挑《さいちょう》戦《せん》だ。

ことわざ

好《す》きこそものの上手《じょうず》なれ

す

意味《いみ》

好《す》きなことは自分《じぶん》から一生懸命《いっしょうけんめい》にとりくむので、しぜんと上達《じょうたつ》するということ。

関連《かんれん》する言葉《ことば》

似 好《す》きは上手《じょうず》のもと

対 下手《へた》の横好《よこず》き

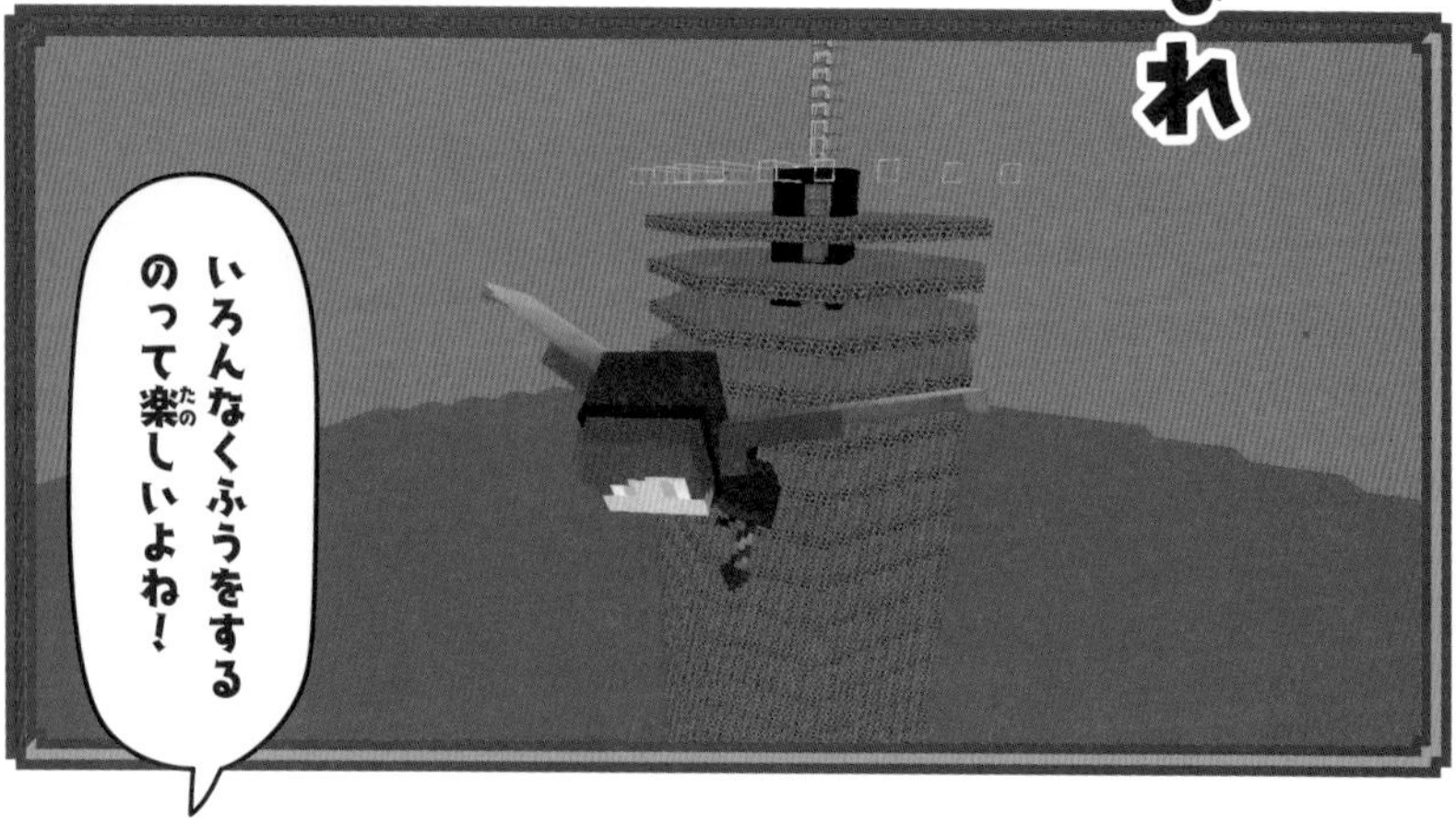
いろんなくふうをするのって楽《たの》しいよね！

つかい方《かた》

いつも楽《たの》しく建築《けんちく》をしているぜんいちだから、好《す》きこそものの上手《じょうず》なれで、巨大《きょだい》な自動金生成工場《じどうきんせいせいこうじょう》のアイデアもどんどん浮《う》かんでくる。

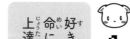

故事成語《こじせいご》

過《す》ぎたるはなお及《およ》ばざるが如《ごと》し

意味《いみ》

やりすぎることは、足《た》りないことと同《おな》じようによくない。ほどほどがよいということ。

関連《かんれん》する言葉《ことば》

似 薬《くすり》も過《す》ぎれば毒《どく》となる

似 分別《ぶんべつ》過《す》ぐれば愚《ぐ》に返《かえ》る

似 多《おお》すぎると袋《ふくろ》がやぶれる（イギリスのことわざ）

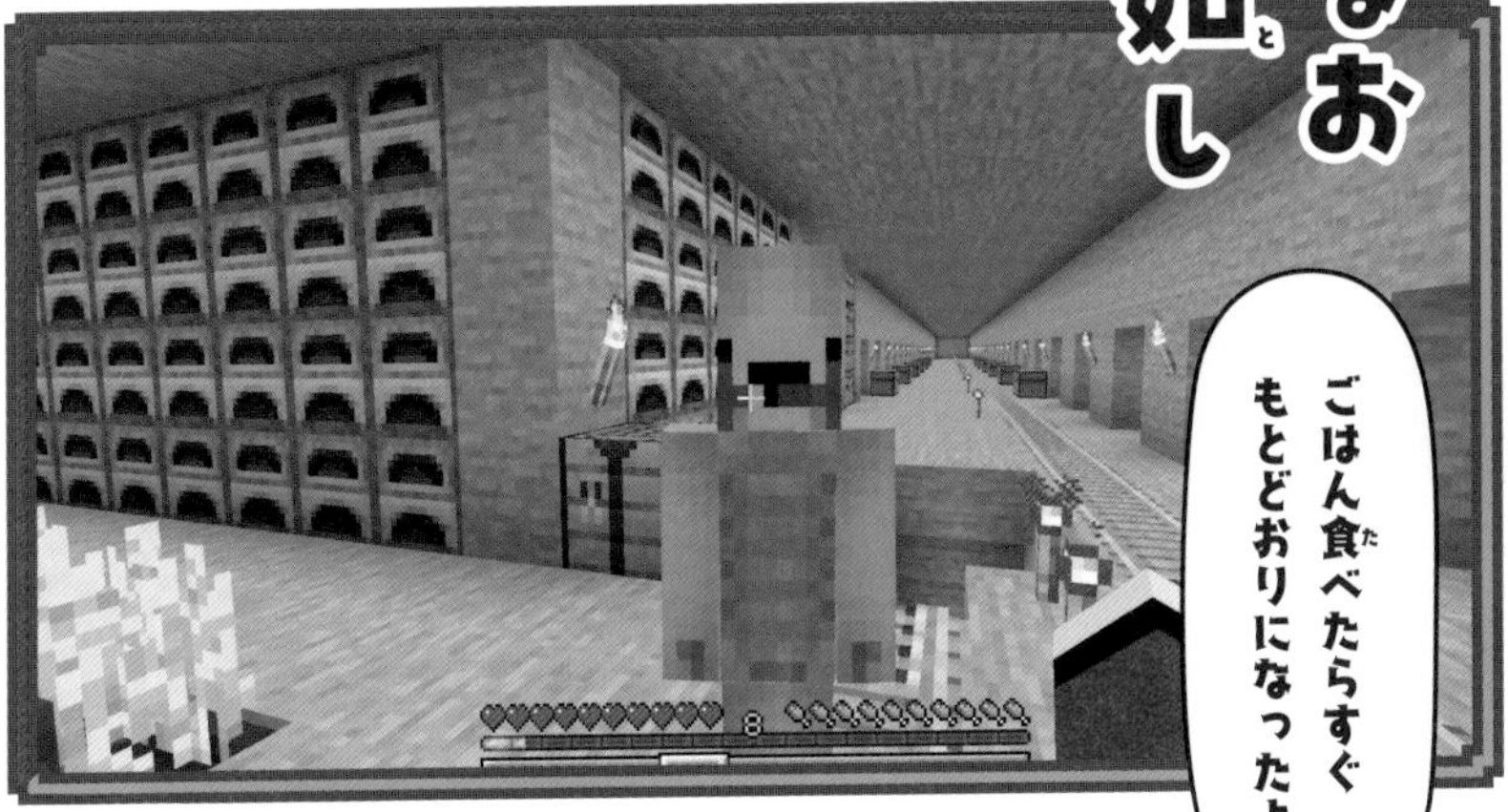

ごはん食《た》べたらすぐもとどおりになったよ

つかい方《かた》

採掘《さいくつ》に夢中《むちゅう》になりすぎてマイッキーが激《げき》ヤセしてしまった！　過《す》ぎたるはなお及《およ》ばざるが如《ごと》しで、がんばりすぎは体《からだ》をこわすよ。

ことわざ

住《す》めば都《みやこ》

す

意味《いみ》

どんなところでも、なれればそこが一番《いちばん》住《す》みやすくなるということ。

関連《かんれん》する言葉《ことば》

似 住《す》めば都《みやこ》の風《かぜ》が吹《ふ》く

似 どの鳥《とり》にとっても自分《じぶん》の巣《す》が一番《いち》よい（英語《えいご》のことわざ）

つかい方《かた》

危険《きけん》な異世界《いせかい》「ネザー」に家《いえ》を建《た》てたぞ！　モンスターとマグマに囲《かこ》まれているけど住《す》めば都《みやこ》で、そのうち快適《かいてき》になるだろう。

ことわざ

急《せ》いては事《こと》を仕《し》損《そん》じる

意味《いみ》

あわててものごとにとりくむと失敗《しっぱい》しやすいものだということ。

関連《かんれん》する言葉《ことば》

似 急《いそ》げば必《かなら》ずしそこなう
似 急《いそ》がば回《まわ》れ
対 善《ぜん》は急《いそ》げ

せ

つかい方《かた》

急《せ》いては事《こと》を仕《し》損《そん》じるというから、じっくり洞窟《どうくつ》を探検《たんけん》するために、危険《きけん》なゾンビは前《まえ》もってたおしておこう。

慣用句《かんようく》

宝《たから》の持《も》ち腐《ぐさ》れ

意味《いみ》

役《やく》に立《た》つものや才能《さいのう》をもちながら、それをうまくつかわないことのたとえ。

つかい方《かた》

木材《もくざい》をたくさん集《あつ》めても、つかわなければ宝《たから》の持《も》ち腐《ぐさ》れだ。ボートをつくって海《うみ》にこぎだそう。

たしかにそれも
宝《たから》の持《も》ち腐《ぐさ》れかもね

アイデアしだいで

う〜ん
エンダーアイが たくさん 手《て》に入《はい》ったけど きょうはマイッキーと あそぶ日《ひ》だから
宝《たから》の持《も》ち腐《ぐさ》れに なっちゃったね
たたた
そんなこと ないよ！
おてだま いくつ できるか 対決《たいけつ》だね！
くる くる
くる くる くる

た

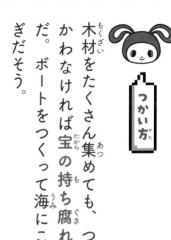

慣用句《かんようく》

高《たか》をくくる

意味《いみ》

大《たい》したことはないだろうとあまく見《み》ること。

「高《たか》」には ものごとの程度《ていど》っていう意味《いみ》もあるんだ

つかい方《かた》

夜《よる》でもこのあたりは平和《へいわ》だと高《たか》をくくっていたマイッキーだけど、やっぱりゾンビにおそわれているぞ。

故事成語《こじせいご》

蛇足《だそく》

意味《いみ》

蛇《へび》の絵《え》を描《か》く競争《きょうそう》をし、先《さき》に描《か》けた人《ひと》が調子《ちょうし》に乗《の》り足《あし》まで描《か》いてしまい、足《あし》があったら蛇《へび》ではないと負《ま》けたという話《はなし》から、よけいなもののたとえ。

関連《かんれん》する言葉《ことば》

似 馬車《ばしゃ》に五《いつ》つ目《め》の車輪《しゃりん》をつける（英語《えいご》のことわざ）

ぼくそんなこと言《い》ってたかなー？

つかい方《かた》

モンスターに立《た》ち向《む》かうマイッキーはえらいけど、「伝説《でんせつ》の勇者《ゆうしゃ》になってちやほやされたい」の一言《ひとこと》は蛇足《だそく》だったね。

ことわざ

叩《たた》けば埃《ほこり》が出《で》る

た

意味《いみ》

正《ただ》しいように見《み》える人《ひと》やものごとでも、細《こま》かく調《しら》べると欠点《けってん》ややましいところがあるということ。

関連《かんれん》する言葉《ことば》

似 垢《あか》はこするほど出《で》る

つかい方《かた》

怪《あや》しい村《むら》で事件《じけん》がおきたので、村長《そんちょう》のようすを見《み》にきた。一見《いっけん》怪《あや》しいところはないけど、叩《たた》けば埃《ほこり》が出《で》るかもしれない。

ことわざ

畳《たたみ》の上《うえ》の水練《すいれん》

意《い》味《み》

畳《たたみ》の上《うえ》で練習《れんしゅう》をするだけでは泳《およ》げるようにならないということから、理《り》屈《くつ》ばかりで実際《じっさい》には役《やく》に立《た》たないこと。

関《かん》連《れん》する言《こと》葉《ば》

似 机上《きじょう》の空論《くうろん》

似 こたつ兵法《びょうほう》

た

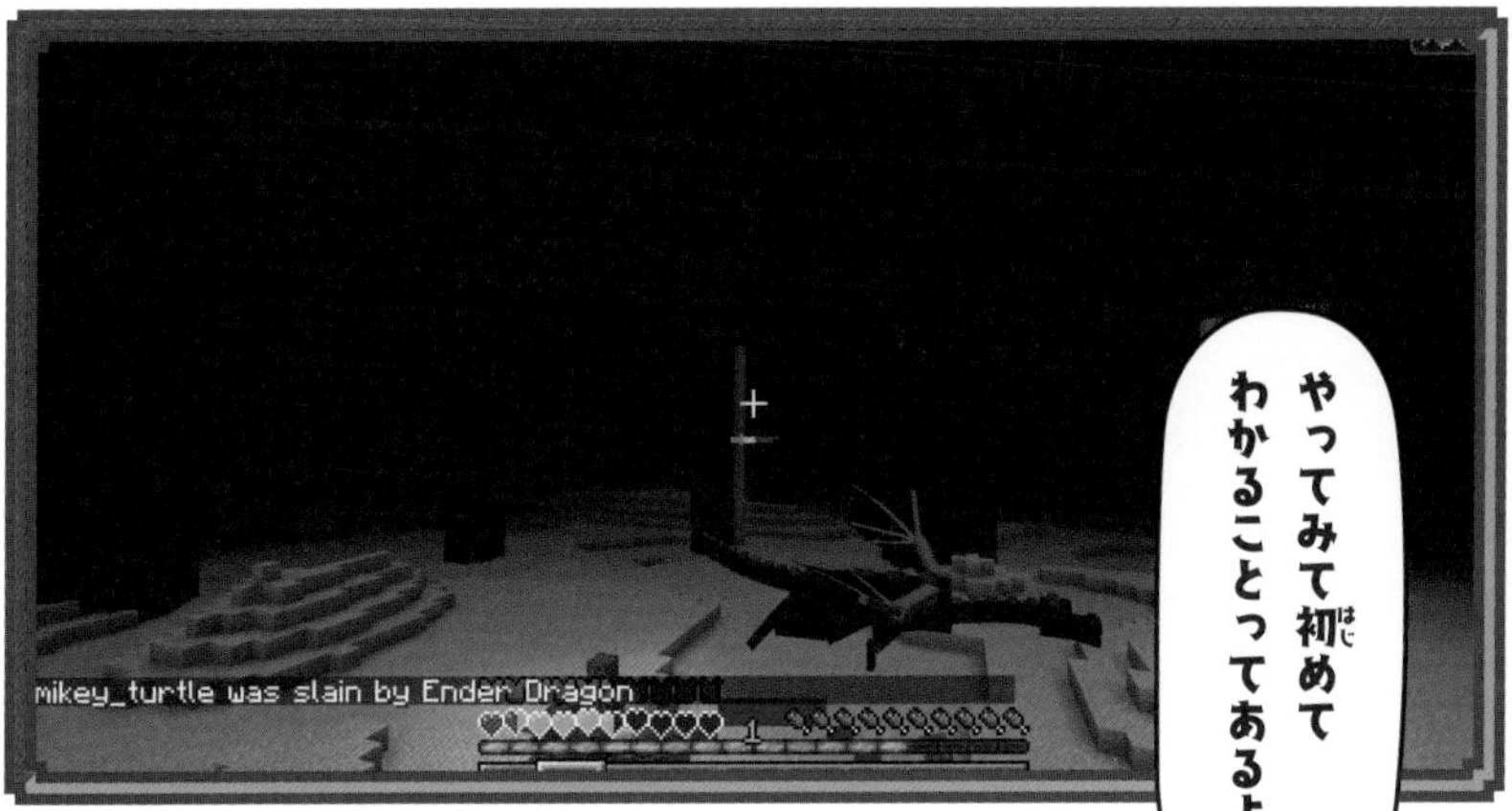
mikey_turtle was slain by Ender Dragon

やってみて初《はじ》めてわかることってあるよね

つかい方《かた》

攻略動画《こうりゃくどうが》を見《み》るだけでは畳《たたみ》の上《うえ》の水練《すいれん》で、エンダードラゴンをたおせるようにならないだろう。

ことわざ

立《た》つ鳥《とり》跡《あと》を濁《にご》さず

た

意味《いみ》

あるところからよそに移《うつ》るときには、あとが見苦《みぐる》しくないよう、きちんと始末《しまつ》をしておかなければならないというおしえ。

関連《かんれん》する言葉《ことば》

対 旅《たび》の恥《はじ》は掻《か》き捨《す》て

対 後《あと》は野《の》となれ山《やま》となれ

「立《た》つ」は水鳥《みずどり》が飛《と》び立《た》つときのことなんだって

つかい方《かた》

トマト帝国《ていこく》から脱出《だっしゅつ》だ。立《た》つ鳥《とり》跡《あと》を濁《にご》さずというし、危険《きけん》なトマトたちはやっつけていこう。

ことわざ

立《た》て板《いた》に水《みず》

意味《いみ》

立《た》てかけた板《いた》に水《みず》を流《なが》したときのようすにたとえて、つかえることなくすらすら話《はな》すこと。

関連《かんれん》する言葉《ことば》

似 戸《と》板《いた》に豆《まめ》

た

ぜんいちくんは遊《あそ》び方《かた》の説明《せつめい》もじょうずだよねー

つかい方《かた》

ぜんいちの立《た》て板《いた》に水《みず》の説明《せつめい》で、マイッキーにしかけるドッキリのつくり方《かた》がよくわかる。

ことわざ

蓼《たで》食《く》う虫《むし》も好《す》き好《ず》き

意味《いみ》

とてもからい蓼《たで》の葉《は》をわざわざ食《た》べる虫《むし》がいるように、人《ひと》の好《この》みはさまざまだということのたとえ。

関連《かんれん》する言葉《ことば》

似 十人《じゅうにん》十《と》色《いろ》

た

つかい方《かた》

無人島《むじんとう》にマイッキーが建《た》てた家《いえ》はちいさくて快適《かいてき》ではなさそうだけど、蓼食《たでく》う虫《むし》も好《す》き好《ず》きというし、本人《ほんにん》がいいならいいのかな。

ぼくは土《つち》のぬくもりを
いかしたかったの！

あまくないらしい

これが 蓼《たで》の葉《は》かあ ぼく はじめて 見《み》たよ
じつは 蓼《たで》の葉《は》って むかしから薬味《やくみ》として 食《た》べられてきたんだ
「蓼酢《たです》」っていう 調味料《ちょうみりょう》にして 魚《さかな》の アユと食《た》べると おいしいんだって
でもね マイッキー
蓼《たで》ケーキは おいしく ないと おもうよ
うーん…

ことわざ

棚《たな》から牡《ぼ》丹《た》餅《もち》

た

意《い》味《み》

何《なに》もしていないのに思《おも》いがけない幸運《こううん》にあうことのたとえ。

関《かん》連《れん》する言《こと》葉《ば》

似 開《あ》いた口《くち》へ牡《ぼ》丹《た》餅《もち》

似 カボチャがつるごと転《ころ》がりこむ（韓国《かんこく》のことわざ）

ぜんいちくんが操縦《そうじゅう》できてよかったよ！

つかい方《かた》

ふと通《とお》りがかった建物《たてもの》に脱出用《だっしゅつよう》の飛行機《ひこうき》があるなんて、棚《たな》から牡丹餅《ぼたもち》だ。

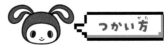

ことわざ

玉《たま》に瑕《きず》

意味《いみ》

とてもすぐれていながらも、ほんの少《すこ》し欠点《けってん》があることのたとえ。

関連《かんれん》する言葉《ことば》

似 軟膏《なんこう》の中《なか》のハエ（英語《えいご》のことわざ）

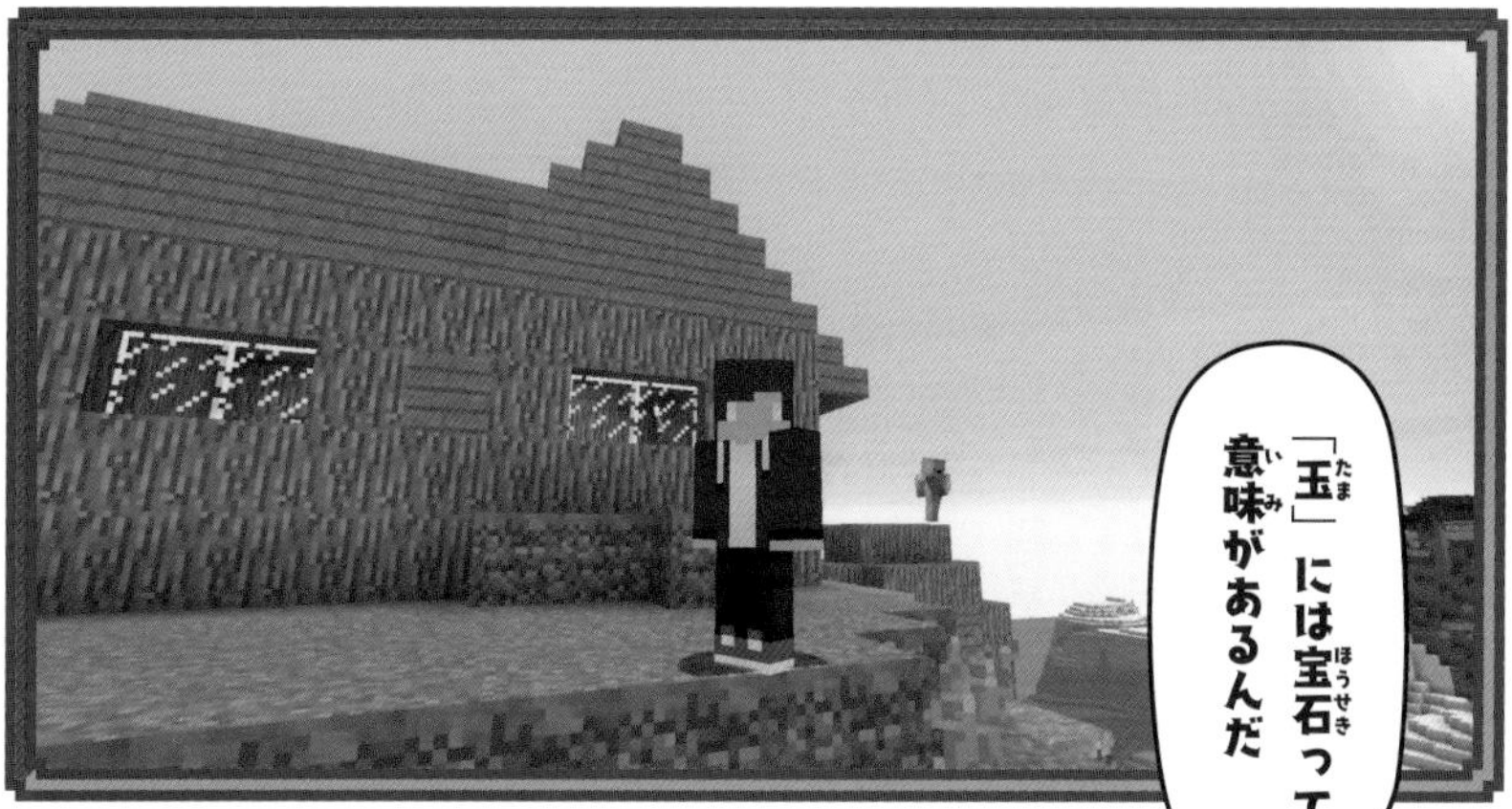

「玉《たま》」には宝石《ほうせき》って意味《いみ》があるんだ

つかい方《かた》

マイッキーがおどってばかりで村《むら》づくりを手伝《てつだ》ってくれない。いいやつだけど、サボりぐせがあるのが玉《たま》に瑕《きず》だ。

ことわざ

塵《ちり》も積《つ》もれば山《やま》となる

意味《いみ》

ほんのわずかなものでも、積《つ》み重《かさ》なれば大《おお》きなものになるということのたとえ。

関連《かんれん》する言葉《ことば》

似 小《ちい》さな流《なが》れも大河《たいが》となる

似 雨《あま》だれ石《いし》をうがつ

道具《どうぐ》をつくるのにも木《き》はかかせないからね

つかい方《かた》

木《き》をたくさん集《あつ》めていたら、大《おお》きな家《いえ》が建《た》てられるくらいになった。塵《ちり》も積《つ》もれば山《やま》となるだ。

ことわざ

月《つき》とすっぽん

意味《いみ》

空《そら》にかがやく月《つき》と泥《どろ》のなかにいるすっぽんとでは、おなじ丸《まる》い形《かたち》でもありがたみがちがうように、ふたつのものの差《さ》が大《おお》きいことのたとえ。

関連《かんれん》する言葉《ことば》

似 雲泥《うんでい》の差《さ》

似 提灯《ちょうちん》に釣《つ》り鐘《がね》

つ

すっぽんは ぼくとおんなじ
カメの仲間《なかま》だよ！

つかい方《かた》

マイッキーが「天国《てんごく》」で住《す》んでいる家《いえ》を訪《たず》ねたら、以前《いぜん》のちいさな家《いえ》とは月《つき》とすっぽんの豪邸《ごうてい》だった！

月《つき》夜《よ》に提灯《ちょうちん》

意味《いみ》

月明《つきあ》かりのある夜《よる》に提灯《ちょうちん》は必《ひつ》要《よう》ないということから、ムダなこと、不必要《ふひつよう》なことのたとえ。

関連《かんれん》する言葉《ことば》

似 夏《か》炉《ろ》冬《とう》扇《せん》

似 昼間《ひるま》にランプを持《も》っていく（英《えい》語《ご》のことわざ）

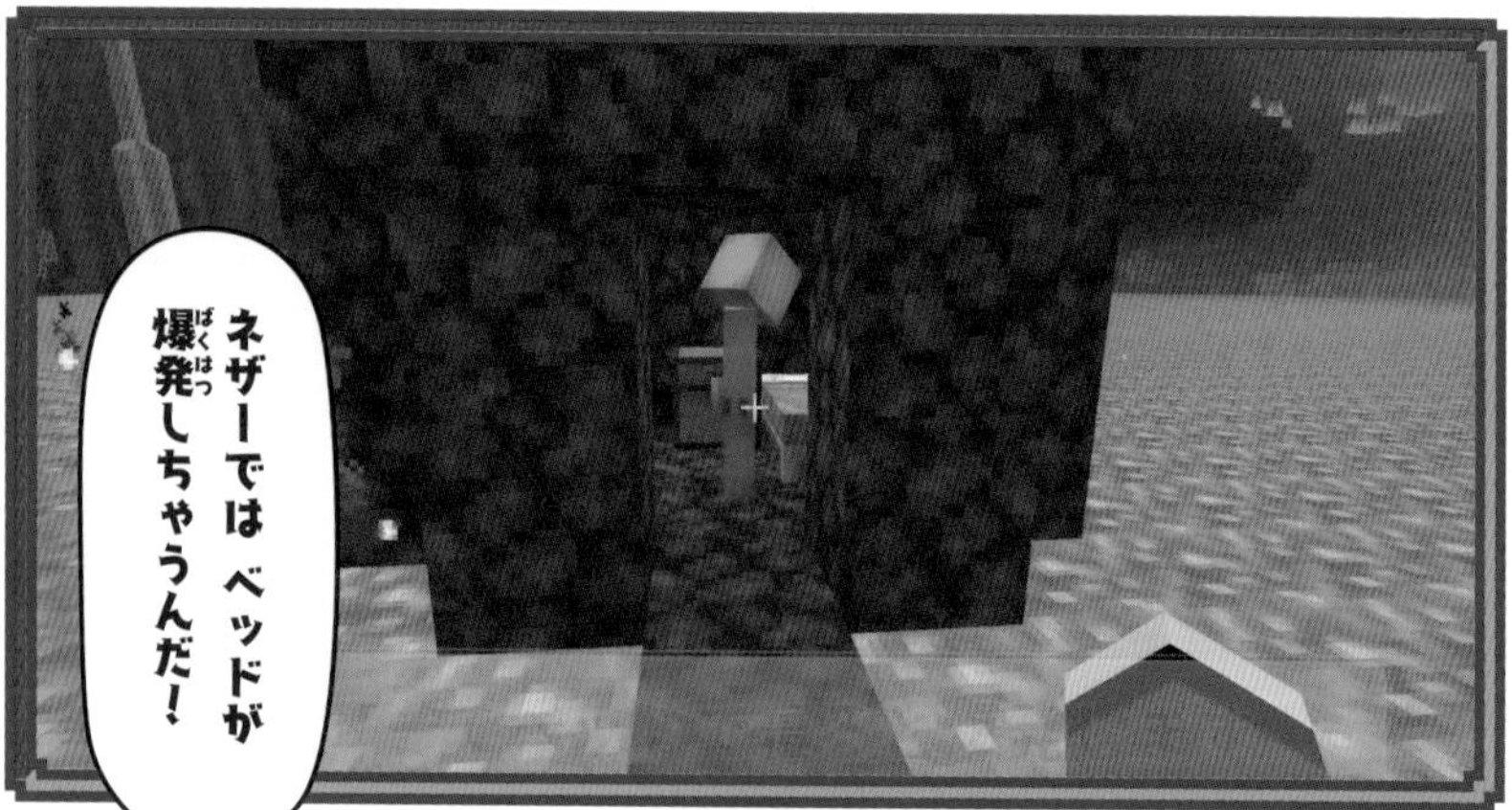

ネザーでは ベッドが 爆発《ばくはつ》しちゃうんだ！

つかい方《かた》

異世界《いせかい》「ネザー」では、体力《たいりょく》回復《かいふく》のためのベッドがつかえない。ふだんは役立《やくだ》つベッドも、ここでは月夜《つきよ》に提灯《ちょうちん》だ。

ことわざ

爪《つめ》に火《ひ》をともす

意味《いみ》

ロウソクが買《か》えず自分《じぶん》の爪《つめ》に明《あ》かりをともさなければならないほど貧《まず》しい生活《せいかつ》をおくることのたとえ。また、とてもケチなこと。

関連《かんれん》する言葉《ことば》

似 虱《しらみ》の皮《かわ》をはいで市場《いちば》で売《う》る（英《えい》語《ご》のことわざ）

つ

ステーキ

この村《むら》ではステーキ食《た》べほうだいだったんだもん！

つかい方《かた》

爪《つめ》に火《ひ》をともすようにくらしていたマイッキーが、高級《こうきゅう》ステーキをどんどんふるまってくれる……。なんだかおかしいぞ？

ことわざ

鉄《てっ》は熱《あっ》いうちに打《う》て

て

意味《いみ》

心《こころ》や体《からだ》をきたえるには若《わか》いうちがよいという教《おし》え。また、ものごとをおこなうには、ちょうどよい機会《きかい》を逃《のが》さないようにすべきだという教《おし》え。

関連《かんれん》する言葉《ことば》

似 老《お》い木《き》は曲《ま》がらぬ

似 矯《た》めるなら若木《わかぎ》のうち

似 パンはかまどの熱《あつ》いうちに焼《や》け（イランのことわざ）

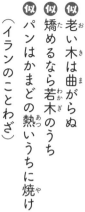

鉄《てつ》はすごく熱《ねっ》すると
やわらかくなるんだ
冷《さ》めないうちに
きたえたり変形《へんけい》させ
たりするんだって！
つかい方《かた》

新《あたら》しい家《いえ》が完成《かんせい》したぞ。**鉄《てつ》は熱《あつ》いうちに打《う》て**というし、この調子《ちょうし》でまわりに牧場《ぼくじょう》をつくろう！

ことわざ

出《で》る杭《くい》は打《う》たれる

意味《いみ》

目立《めだ》つ人《ひと》は他人《たにん》からにくまれたり、ねたまれたりするものだということのたとえ。

関連《かんれん》する言葉《ことば》

似 出《で》る釘《くぎ》は打《う》たれる

似 高木《こうぼく》は風《かぜ》に折《お》らる

コマンドブロックをつかってマイッキーをたすけよう！

つかい方《かた》

村《むら》をおそってきた敵《てき》を迎《むか》え撃《う》とうとしたマイッキーがねらいうちにされている！　出《で》る杭《くい》は打《う》たれるというやつだな。

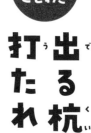

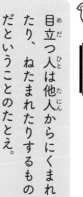

ことわざ

天《てん》は自《みずか》ら助《たす》くる者《もの》を助《たす》く

意味《いみ》

天《てん》の神様《かみさま》は、誰《だれ》かをたよりにするのではなく自分《じぶん》で努力《どりょく》する人《ひと》を助《たす》けてくれるものだということ。

関連《かんれん》する言葉《ことば》

似 人事《じんじ》を尽《つ》くして天命《てんめい》を待《ま》つ

て

ガラスと土《つち》の部屋《へや》をつくったんだよね！

つかい方《かた》

マグマがあふれる世界《せかい》でもなんとか生《い》き残《のこ》るための家《いえ》をつくろう。天《てん》は自《みずか》ら助《たす》くる者《もの》を助《たす》くというし、ぜったいにあきらめないぞ。

ことわざ

灯《と》台《うだい》下《もと》暗《くら》し

と

意味《いみ》

「灯台《とうだい》」という火《ひ》をともすむかしの照明器具《しょうめいきぐ》のすぐ下《した》には光《ひかり》があたらないことから、身《み》近《ぢか》なことはかえって気《き》づきにくいことのたとえ。

関連《かんれん》する言葉《ことば》

似 近《ちか》くて見《み》えぬはまつげ

似 提灯《ちょうちん》持《も》ち川《かわ》へはまる

つかい方《かた》

扉開放《とびらかいほう》のスイッチを探《さが》して村《むら》中《じゅう》見《み》て回《まわ》ったけど、扉《とびら》のすぐ近《ちか》くにあったなんて、**灯台下《とうだいもと》暗《くら》し**だ。

めちゃめちゃさがした

ことわざ

時《とき》は金《かね》なり

意味《いみ》

時間《じかん》はお金《かね》のように大切《たいせつ》なので、ムダにしてはいけないという教《おし》え。

関連《かんれん》する言葉《ことば》

似 歳月人《さいげつひと》を待《ま》たず

似 光陰矢《こういんや》の如《ごと》し

夜《よる》になるとモンスターが出《で》てきちゃうから急《いそ》いでね！

つかい方《かた》

日《ひ》が暮《く》れはじめたけど、時《とき》は金《かね》なりだ。畑《はたけ》をつくりおえてしまおう。

ことわざ

隣《となり》の花《はな》は赤《あか》い

意味《いみ》

他人《たにん》のものは、何《なん》でもよく見《み》えてうらやましく思《おも》えることのたとえ。

関連《かんれん》する言葉《ことば》

似 隣《となり》の芝生《しばふ》は青《あお》い

似 隣《となり》の飯《めし》はうまい

対 隣《となり》の白飯《しろめし》よりうちの粟飯《あわめし》

と

まあいいよ いっしょにすむ方《ほう》が楽《たの》しいからね

つかい方《かた》

マイッキーは自分《じぶん》の家《いえ》があるけど、ぜんいちのつくった家《いえ》がうらやましいみたいだ。隣《となり》の花《はな》は赤《あか》いというやつだね。

ことわざ

鳶《とび》が鷹《たか》を生《う》む

意《い》味《み》

平凡《へいぼん》な親《おや》からすぐれた子《こ》どもが生《う》まれることのたとえ。

関連《かんれん》する言葉《ことば》

対 瓜《うり》の蔓《つる》に茄子《なすび》はならぬ

対 蛙《かえる》の子《こ》は蛙《かえる》

ぼくみたいなカメはぼくだけだもんね！

つかい方《かた》

彼《かれ》の生《う》まれ持《も》った前向《まえむ》きさとダンスの才能《さいのう》は、両親《りょうしん》にはないものだ。まさに鳶《とび》が鷹《たか》を生《う》むだね。

ことわざ

捕《と》らぬ狸《たぬき》の皮算用《かわざんよう》

意《い》味《み》

まだ手《て》に入《い》れていないものをあてにして、あれこれ計《けい》画《かく》すること。

関連《かんれん》する言葉《ことば》

似 儲《もう》けぬ前《まえ》の胸算用《むなざんよう》

似 飛《と》ぶ鳥《とり》の献立《こんだて》

ブレイズロッドはブレイズが落《お》とすアイテムだね

つかい方《かた》

ブレイズをたおす前《まえ》からブレイズロッドのつかい道《みち》を心配《しんぱい》するなんて、捕《と》らぬ狸《たぬき》の皮算《かわざん》用《よう》というものだよ。

と

ことわざ

泥《どろ》棒《ぼう》を捕《と》らえて縄《なわ》をなう

意《い》味《み》

こまったことがおきてから、あわてて対応《たいおう》しようとすることのたとえ。

関《かん》連《れん》する言葉《ことば》

似 盗人《ぬすびと》を見《み》て縄《なわ》をなう

対 転《ころ》ばぬ先《さき》の杖《つえ》

対 備《そな》えあれば憂《うれ》いなし

レッドストーンは鉄《てつ》のツルハシがないととれないからね

つかい方《かた》

洞窟《どうくつ》に入《はい》ってから鉄《てつ》のツルハシをつくるなんて、泥棒《どろぼう》を捕《と》らえて縄《なわ》をなうようなものだ。

ことわざ

どんぐりの背《せい》比《くら》べ

意味《いみ》

大《おお》きさや形《かたち》にほとんど変《か》わりがないドングリのように、どれも同《おな》じくらいで特《とく》にすぐれたものがないことのたとえ。

関連《かんれん》する言葉《ことば》

似 五《ご》十《じっ》歩《ぽ》百《ひゃっ》歩《ぽ》

似 どの樽《たる》のニシンにも優劣《ゆうれつ》なし（英語《えいご》のことわざ）

と

つかい方《かた》

マイッキーはどんどん新《あたら》しい家《いえ》を建《た》てているけど、どんぐりの背比《せいくら》べで、どの家《いえ》もせまくてかんたんなつくりだ。

ことわざ

飛《と》んで火《ひ》に入《い》る夏《なつ》の虫《むし》

と

意味《いみ》

灯《あか》りに引《ひ》きよせられる虫《むし》が火《ひ》にとびこんで焼《や》かれるように、自分《じぶん》から進《すす》んで危険《きけん》に近《ちか》づいて災《わざわ》いをうけることのたとえ。

関連《かんれん》する言葉《ことば》

似 愚人《ぐにん》は夏《なつ》の虫《むし》

つかい方《かた》

最強《さいきょう》のセキュリティに守《まも》られているぜんいちの家《いえ》に侵入《しんにゅう》するなんて、飛《と》んで火《ひ》に入《い》る夏《なつ》の虫《むし》だ。

ことわざ

長《なが》いものには巻《ま》かれろ

意味《いみ》

立場《たちば》や勢力《せいりょく》が自分《じぶん》より上《うえ》の人《ひと》には逆《さか》らうよりしたがった方《ほう》が得《とく》だということ。

関連《かんれん》する言葉《ことば》

似 寄《よ》らば大樹《たいじゅ》の陰《かげ》

似 泣《な》く子《こ》と地頭《じとう》には勝《か》てぬ

な

このときは船《ふね》に乗《の》せてくれなかったんだよねー

つかい方《かた》

村《むら》の権力者《けんりょくしゃ》に逆《さか》らったぜんいちとマイッキーに、村人《むらびと》たちは長《なが》いものには巻《ま》かれろとばかり、いじわるをしてくるようになった。

ことわざ

泣《な》き面《つら》に蜂《はち》

意味《いみ》

苦《くる》しんでいる人《ひと》に、さらに苦《くる》しみや心配事《しんぱいごと》がかさなること。

関連《かんれん》する言葉《ことば》

似 弱《よわ》り目《め》に祟《たた》り目《め》

似 踏《ふ》んだり蹴《け》ったり

似 傷口《きずぐち》に塩《しお》

つかい方《かた》

危険《きけん》な異世界《いせかい》「ネザー」でひどい目《め》にあったのに、今度《こんど》はゾンビの大群《たいぐん》！　まったく泣《な》き面《つら》に蜂《はち》だ。

「泣《な》きっ面《つら》に蜂《はち》」ともいうね

それは、やろうよ

なぜか つらいことが かさなる ときって あるよねー
もぐもぐ
「クモに クリーパー」
ぱく
同時《どうじ》には きついね
「鈍化《どんか》のときに スケルトン」
もぐ もぐ もぐ
逃《に》げられない からね
もっと食《た》べたいのに ぜんいちくんが ダイエットしろっていう
ボヨン…
それは ちがわ ない？

な

ことわざ

無《な》くて七《なな》癖《くせ》

意味《いみ》

一見《いっけん》して癖《くせ》など無《な》いような人《ひと》でも、何《なに》かしらの癖《くせ》があるものだということ。

関連《かんれん》する言葉《ことば》

似 無《な》くて七癖《ななくせ》あって四十八癖《しじゅうはちくせ》

似 人《ひと》に人癖《ひとくせ》、馬《うま》に馬癖《うまくせ》

つかい方《かた》

無《な》くて七癖《ななくせ》で、ぜんいちにも、マイッキーのようすを見守《みまも》ってしまう癖《くせ》がある。

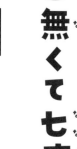

ことわざ

情《なさ》けは人《ひと》の為《ため》ならず

意味《いみ》

ふだんから人《ひと》に親切《しんせつ》にしていると、人《ひと》からも親切《しんせつ》にしてもらえるということ。

関連《かんれん》する言葉《ことば》

似 人《ひと》を思《おも》うは身《み》を思《おも》う

対 恩《おん》を仇《あだ》で返《かえ》す

対 情《なさ》けが仇《あだ》

な

「人《ひと》に情《なさ》けをかけるのはその人《ひと》のためにならない」というのはまちがったつかい方《かた》！

つかい方《かた》

捕《つか》まっている村人《むらびと》を助《たす》けるのに理由《りゆう》はいらない。情《なさ》けは人《ひと》の為《ため》ならずだ。

ことわざ

名《な》は体《たい》を表《あらわ》す

意味《いみ》

名前《なまえ》というのは、つけられたものの中身《なかみ》やありのままの姿《すがた》を表《あらわ》すものだということ。

このときは ちょっと油断《ゆだん》しただけっすよー

つかい方《かた》

ガスのように白《しろ》くてふわふわ浮《う》かび、火《ひ》をはいてくるモンスターの名前《なまえ》は「ガスト」。名《な》は体《たい》を表《あらわ》すというやつだ。

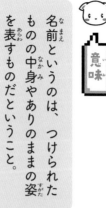

慣用句《かんようく》

煮《に》え湯《ゆ》を飲《の》まされる

意味《いみ》

信《しん》じていた相手《あいて》に裏切《うらぎ》られてひどい目《め》にあわされることのたとえ。

関連《かんれん》する言葉《ことば》

似 飼《か》い犬《いぬ》に手《て》を噛《か》まれる

に

クリエイティブモードは手軽《てがる》にいろいろな建築《けんちく》をできるのが楽《たの》しいよね

つかい方《かた》

ぜんいちがクリエイティブ機能《きのう》をつかってドッキリをしかけていると知《し》ったら、マイッキーは煮《に》え湯《ゆ》を飲《の》まされる思《おも》いになるだろうな。

ことわざ

二階《にかい》から目薬《めぐすり》

意味《いみ》

❶とてもまわりくどいことのたとえ。

❷まったく効果《こうか》が無《な》いことのたとえ。

関連《かんれん》する言葉《ことば》

似 遠火《とおび》で手《て》を焙《あぶ》る

似 焼《や》け石《いし》に水《みず》

マイッキーったら
すなおじゃないんだから

つかい方《かた》

どうやらマイッキーはダイヤとラッキーブロックを交換《こうかん》してほしいみたいだけど、そんな言《い》い方《かた》では二階《にかい》から目薬《めぐすり》で、うまくつたわらないよ。

ことわざ

逃《に》がした魚《さかな》は大《おお》きい

意味《いみ》

釣《つ》りそこなった魚《さかな》はくやしさから実際《じっさい》より大《おお》きかったように思《おも》えることから、手《て》に入《い》れかけて失《うしな》ったものは、ひときわよかったように感《かん》じられるということ。

関連《かんれん》する言葉《ことば》

似 釣《つ》り落《お》とした魚《さかな》は大《おお》きい

つかい方《かた》

先《さき》に宝箱《たからばこ》を選《えら》ばせてもらったマイッキーだけど、残《のこ》った宝箱《たからばこ》に入《はい》っていた装備《そうび》を見《み》て、逃《に》がした魚《さかな》は大《おお》きいと思《おも》ったかもしれない。

ことわざ

逃《に》げるが勝《か》ち

意味《いみ》

相手《あいて》に勝《か》ちをゆずった方《ほう》が、かえって得《とく》になるということ。

関連《かんれん》する言葉《ことば》

似 損《そん》して得《とく》取《と》れ

似 三十六計《さんじゅうろっけい》逃《に》げるに如《し》かず

じつはぼくが変身《へんしん》してたんだけどね

つかい方《かた》

自爆《じばく》してくるクリーパーを無理《むり》にたおすことはない。逃《に》げるが勝《か》ちだ。

ことわざ

二《に》度《ど》あることは三《さん》度《ど》ある

意《い》味《み》

ものごとはくり返《かえ》しおこるものだということ。

関連《かんれん》する言葉《ことば》

対 三度《さんど》目《め》の正直《しょうじき》

対 柳《やなぎ》の下《した》にどじょうは一匹《いっぴき》

に

ぼくはひっかからないぞ！

つかい方《かた》

さっきのチェストはトラップだった。二《に》度《ど》あることは三《さん》度《ど》あるというし、このチェストもトラップじゃないかな。

ことわざ

二《に》兎《と》を追《お》う者《もの》は一《いっ》兎《と》をも得《え》ず

意味《いみ》

ふたつのことを一度《いちど》にやろうとすると、どちらも成功《せいこう》しないものだという教《おし》え。

関連《かんれん》する言葉《ことば》

似 虻蜂《あぶはち》取《と》らず

対 一挙両得《いっきょりょうとく》

対 一石二鳥《いっせきにちょう》

もとはヨーロッパのことわざなんだ
日本《にほん》のことわざじゃないんだ!!

に

つかい方《かた》

敵《てき》は一体《いったい》ずつたおすのがよい。二兎《にと》を追《お》う者《もの》は一兎《いっと》をも得《え》ずだ。

なにを追《お》う？

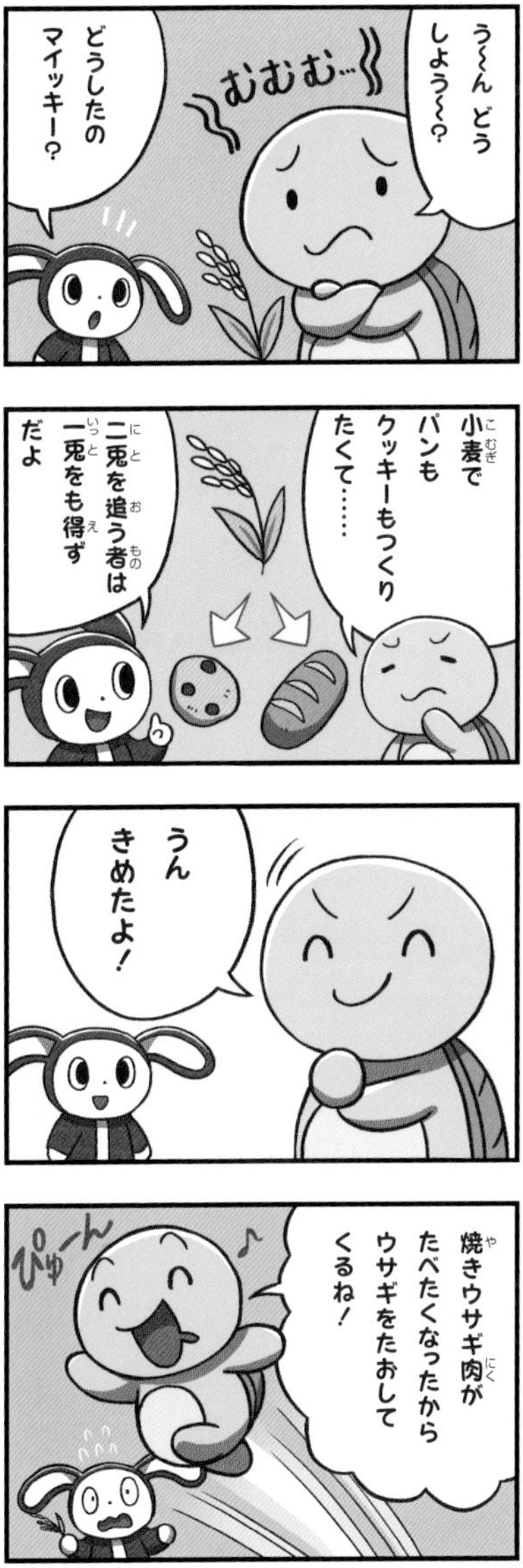

う〜ん どう しよう〜？
むむむ…
どうしたの マイッキー？
小麦《こむぎ》で パンも クッキーもつくり たくて……
二兎《にと》を追《お》う者《もの》は 一兎《いっと》をも得《え》ず だよ
うん きめたよ！
ぴゅ〜ん
焼《や》きウサギ肉《にく》が たべたくなったから ウサギをたおして くるね！

に

ことわざ

糠《ぬか》に釘《くぎ》

意味《いみ》

言《い》ったりやったりしたことに、手《て》ごたえやききめが得《え》られないことのたとえ。

関連《かんれん》する言葉《ことば》

似 暖簾《のれん》に腕押《うでお》し
似 豆腐《とうふ》に鎹《かすがい》
似 馬《うま》の耳《みみ》に念仏《ねんぶつ》

玄米《げんまい》からでるふかふかの粉《こな》を「糠《ぬか》」っていうんだって！

つかい方《かた》

エンダードラゴンはクリスタルで回復《かいふく》してしまうので、先《さき》にクリスタルを破壊《はかい》しないと、どんなに攻《こう》撃《げき》しても糠《ぬか》に釘《くぎ》だ。

ぬ

ことわざ

盗人《ぬすびと》にも三分《さんぶ》の理《り》

意味《いみ》

ひどいことをしても何《なに》かしらの理由《りゆう》をつけられるということ。また、罪《つみ》を犯《おか》すにはそれなりの理由《りゆう》があり、同情《どうじょう》できる部分《ぶぶん》もあるということ。

関連《かんれん》する言葉《ことば》

似 泥棒《どろぼう》にも三分《さんぶ》の理《り》

似 悪魔《あくま》にも権利《けんり》を認《みと》めよ（英語《えいご》のことわざ）

つかい方《かた》

ぜんいちとマイッキーをだましていたピンキーにも何《なに》か事情《じじょう》があるらしい。盗人《ぬすびと》にも三分《さんぶ》の理《り》というやつかな。

ことわざ

濡《ぬ》れ手《て》で粟《あわ》

意味《いみ》

濡《ぬ》れた手《て》で小《ちい》さな粟《あわ》の実《み》をつかむとたくさんとれることから、苦労《くろう》せずにたくさん儲《もう》けることのたとえ。

関連《かんれん》する言葉《ことば》

似 一攫千金《いっかくせんきん》

似 漁夫《ぎょふ》の利《り》

ぬ

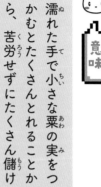

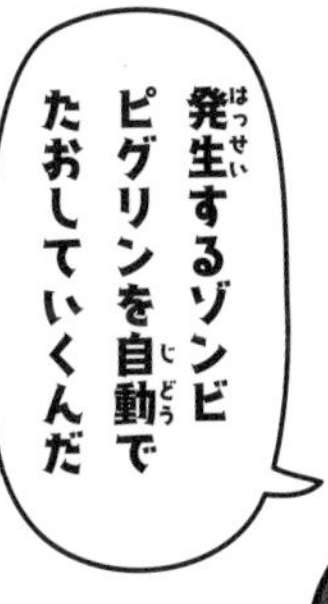
発生《はっせい》するゾンビ
ピグリンを自動《じどう》で
たおしていくんだ

つかい方《かた》

自動装置《じどうそうち》を使《つか》って、金《きん》がひとりでに生《う》みだされる工場《こうじょう》が完成《かんせい》！これで濡《ぬ》れ手《て》で粟《あわ》だ！

ことわざ

猫《ねこ》にかつおぶし

意味《いみ》

猫《ねこ》のそばに好物《こうぶつ》のかつおぶしを置《お》いておけば食《た》べられてしまうのが当《あ》たり前《まえ》なように、油断《ゆだん》ならないことのたとえ。

関連《かんれん》する言葉《ことば》

似 狐《きつね》に小豆飯《あずきめし》

似 盗人《ぬすびと》に蔵《くら》の番《ばん》

たくさんあるから
あげるよ！

つかい方《かた》

ぜんいちの部屋《へや》にかざってあるダイヤをマイッキーに見《み》せるなんて、猫《ねこ》にかつおぶしだ。ほら、ソワソワしはじめたぞ。

ことわざ

猫《ねこ》に小判《こばん》

意味《いみ》

どんなに価値《かち》のあるものでも、それを知《し》らない人《ひと》にとっては役《やく》に立《た》たないことのたとえ。

関連《かんれん》する言葉《ことば》

似 豚《ぶた》に真珠《しんじゅ》

似 馬《うま》の耳《みみ》に念仏《ねんぶつ》

ね

棚《たな》から牡丹餅《ぼたもち》だと
おもったのになー

つかい方《かた》

孤島《ことう》からの脱出《だっしゅつ》にぴったりのヘリコプターを見《み》つけたけど、操縦《そうじゅう》のしかたがわからないんじゃ猫《ねこ》に小判《こばん》だ。

慣用句《かんようく》

猫《ねこ》の手《て》も借《か》りたい

意味《いみ》

とてもいそがしくて、だれでもいいので手伝《てつだ》いがほしいことのたとえ。

マイッキー！
おどってないで
手伝《てつだ》ってよ〜

11
3
6
10

ね

つかい方《かた》

ゾンビが出現《しゅつげん》する夜《よる》になる前《まえ》に、食《た》べものを手《て》に入《い》れて村《むら》をフェンスで囲《かこ》わなければならないので、猫《ねこ》の手《て》も借《か》りたいほどのいそがしさだ。

さすがに……

村《むら》づくりは やることが多《おお》くていそがしいなあ
猫《ねこ》の手《て》も借《か》りたいくらいだよ
ザクザク
おーい ぜんいちくーん
マイッキー! いいところに……
オォー…
なんかついてきちゃったよ〜〜
そいつらの手《て》はいらないよー!

ね

慣用句《かんようく》

猫《ねこ》をかぶる

意味《いみ》

本当《ほんとう》の性質《せいしつ》をかくして、おとなしそうに見《み》せかけること。

ぼくひとりでも脱獄《だつごく》できるから だいじょうぶ！

つかい方《かた》

脱獄《だつごく》を止《と》めるぜんいちを油断《ゆだん》させるために、マイッキーは猫《ねこ》をかぶっておとなしく勉強《べんきょう》をしている。

ことわざ

寝《ね》耳《みみ》に水《みず》

意味《いみ》

眠《ねむ》っているときに耳《みみ》のなかに水《みず》を入《い》れられたくらい、おもいがけないことがとつぜんおきて驚《おどろ》くことのたとえ。

関連《かんれん》する言葉《ことば》

似 青天《せいてん》の霹靂《へきれき》

似 足元《あしもと》から鳥《とり》が立《た》つ

ね

だいじょうぶ！
ぼくが助《たす》けにいくからね

つかい方《かた》

無実《むじつ》の罪《つみ》で懲役《ちょうえき》100年《ねん》だなんて寝耳《ねみみ》に水《みず》だよ！

ことわざ

能《のう》ある鷹《たか》は爪《つめ》を隠《かく》す

意味《いみ》

本当《ほんとう》にすぐれた才能《さいのう》のある人《ひと》は、むやみにそれを見《み》せびらかさないものだというたとえ。

関連《かんれん》する言葉《ことば》

似 鼠《ねずみ》を捕《と》る猫《ねこ》は爪《つめ》を隠《かく》す

ぼくが魔法《まほう》をつかえたらすぐじまんしちゃうなー

つかい方《かた》

バナナくんはおとなしいタイプだけど、じつは魔法《まほう》の国《くに》の王子《おうじ》さまで魔法《まほう》がつかえるらしい。能《のう》ある鷹《たか》は爪《つめ》を隠《かく》すだね。

の

慣用句《かんようく》

喉《のど》から手《て》が出《で》る

意味《いみ》

ほしくてほしくてたまらないことのたとえ。

関連《かんれん》する言葉《ことば》

似 よだれが出《で》る

かざるのもいいけど道具《どうぐ》や装備《そうび》をつくってもいいね

つかい方《かた》

マイッキーは、喉《のど》から手《て》が出《で》るほどほしかったダイヤを手《て》に入《い》れて、うれしくてがくに入《い》れてかざっている。

の

ことわざ

暖簾《のれん》に腕《うで》押《お》し

の

意味《いみ》

どれだけ力《ちから》をこめても手《て》ごたえがないことのたとえ。

関連《かんれん》する言葉《ことば》

似 豆腐《とうふ》に鎹《かすがい》

似 糠《ぬか》に釘《くぎ》

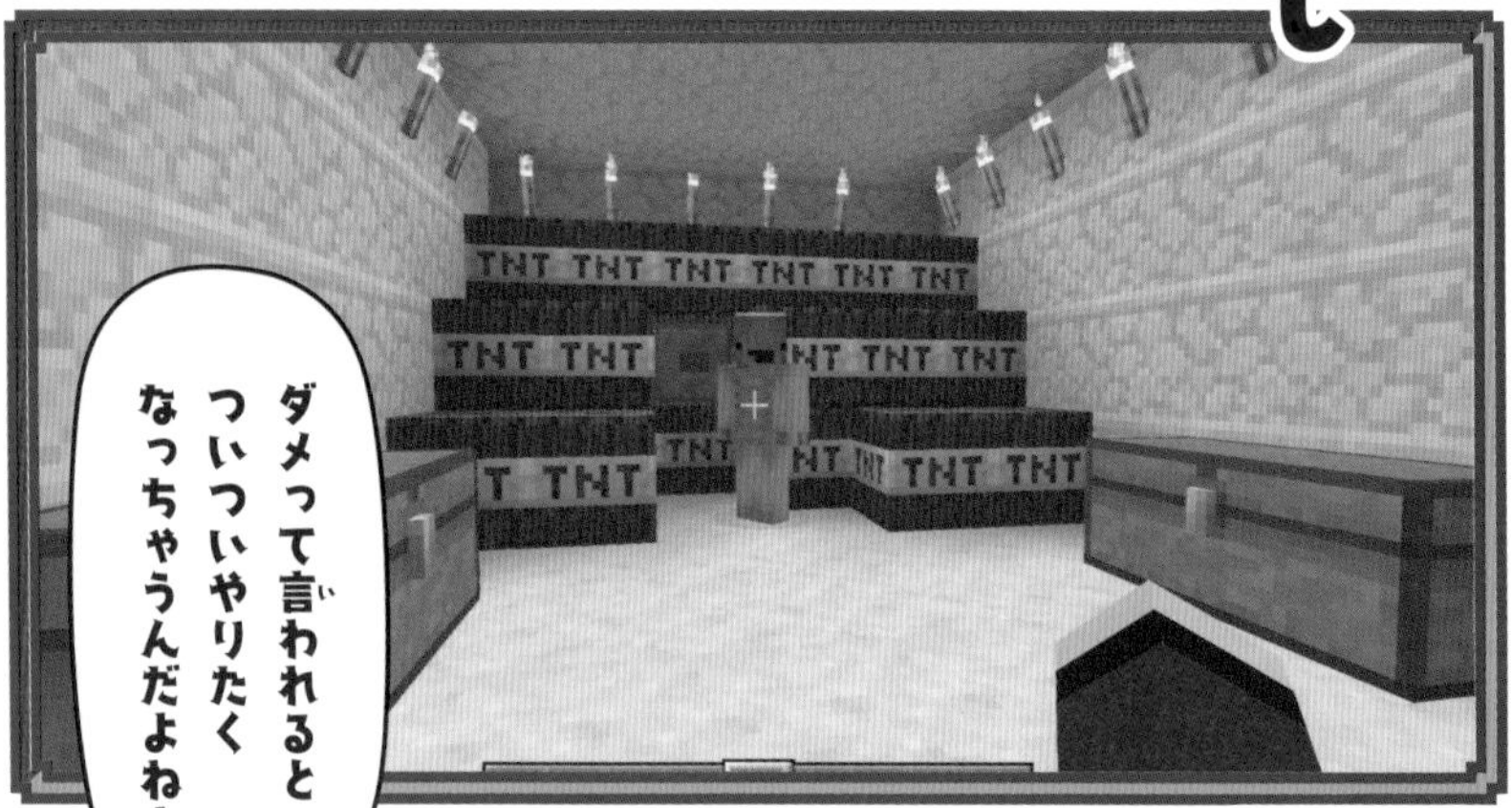
ダメって言《い》われるとついついやりたくなっちゃうんだよねー

つかい方《かた》

隠《かく》し部屋《べや》の TNT《ティーエヌティー》 のスイッチは絶対《ぜったい》に押《お》しちゃダメとマイッキーに何度《なんど》も言《い》っているけど、暖簾《のれん》に腕押《うでお》しだ。嫌《いや》な予感《よかん》がするぞ。

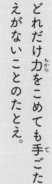

ことわざ

箸《はし》にも棒《ぼう》にもかからない

意味《いみ》

細《ほそ》い箸《はし》でも太《ふと》い棒《ぼう》でもあつかえないように、能力《のうりょく》や程《てい》度《ど》がひどく低《ひく》くて、どうしようもないこと。また、手《て》がつけられないこと。

関連《かんれん》する言葉《ことば》

似 煮《に》ても焼《や》いても食《く》えない

危険《きけん》なエリアに行《い》くときには装備《そうび》をととのえてから!

つかい方《かた》

木《き》の剣《けん》の攻撃力《こうげきりょく》は、ダイヤ装備《そうび》やＴＮＴ《ティーエヌティー》にくらべたら箸《はし》にも棒《ぼう》にもかからないレベルだ。

は

鼻《はな》にかける

意味《いみ》

じまんして得意《とくい》がること。

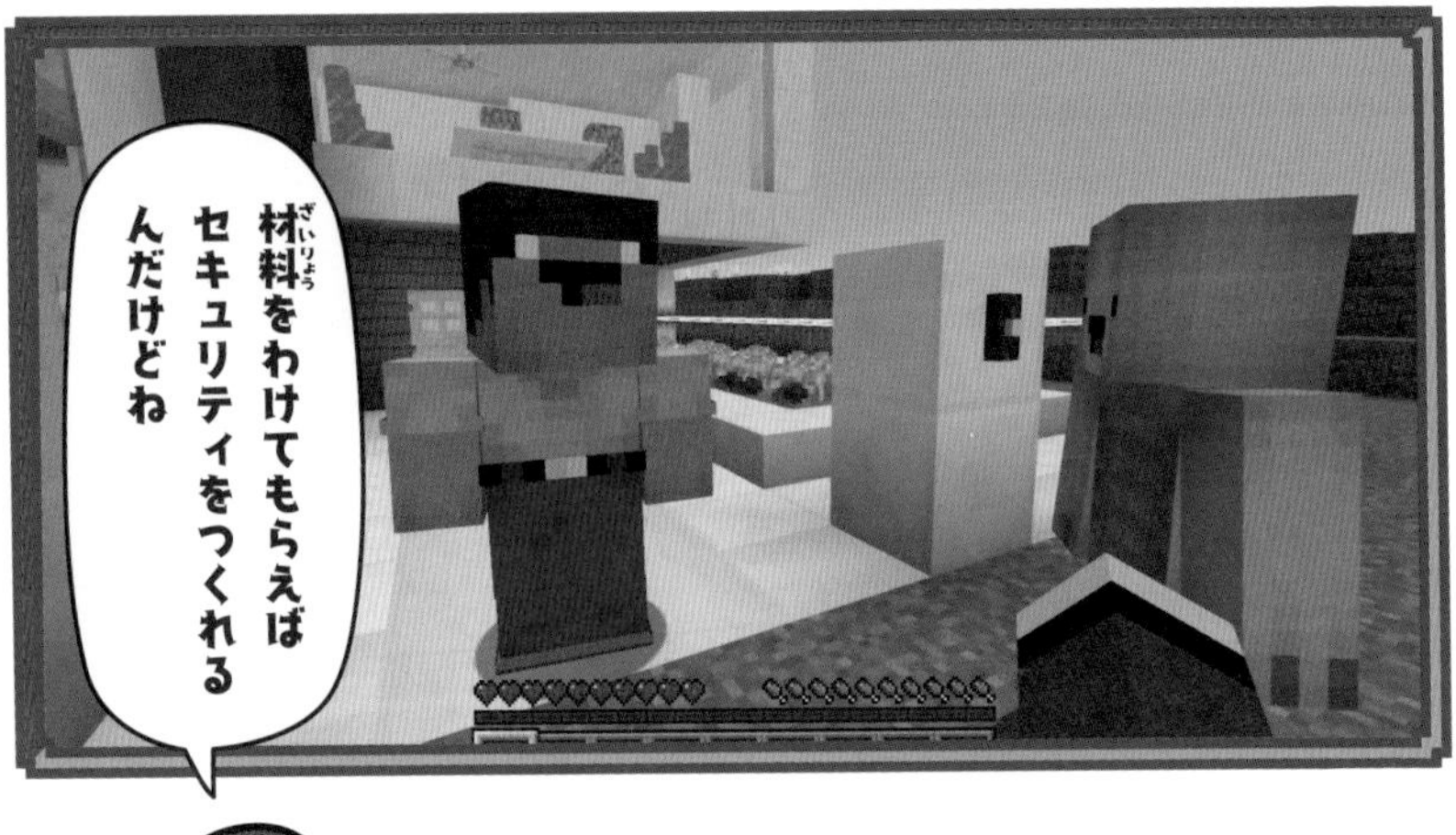
材料《ざいりょう》をわけてもらえばセキュリティをつくれるんだけどね

つかい方《かた》

危険《きけん》な村《むら》で生《い》き残《のこ》るために村人《むらびと》に相談《そうだん》したけど、自分《じぶん》がお金持《かねも》ちなことを鼻《はな》にかけるばかりで、助《たす》けてくれそうもない。

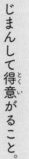

ことわざ

花《はな》より団子《だんご》

意味《いみ》

きれいなだけのものより役《やく》に立《た》つものの方《ほう》がよいということのたとえ。

関連《かんれん》する言葉《ことば》

似 花《はな》の下《した》より鼻《はな》の下《した》

mikey_turtle

まずは小《こ》麦《むぎ》をゲットしたよ！

つかい方《かた》

新《あたら》しい村《むら》にやってきた！
いろいろ見《み》て回《まわ》る前《まえ》に食《た》べ物《もの》を手《て》に入《い》れよう。花《はな》より団子《だんご》だ。

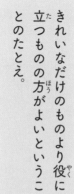

ことわざ

腹《はら》が減《へ》っては戦《いくさ》ができぬ

は

意味《いみ》

おなかがすいていては十分《じゅうぶん》に力《ちから》が発揮《はっき》できないので、何《なに》をするにもまずは腹《はら》ごしらえがたいせつだということ。

関連《かんれん》する言葉《ことば》

似 まずは胃袋《いぶくろ》、それから襟《えり》（ドイツのことわざ）

似 コートではなくパンがあたためてくれる（ロシアのことわざ）

このことわざ本当《ほんとう》にそのとおりだよね！
マイッキーは食《た》べるの大好《だいす》きだもんね

つかい方《かた》

セキュリティタワーの最上階《さいじょうかい》をめざす前《まえ》に、金《きん》のリンゴを食《た》べておこう。腹《はら》が減《へ》っては戦《いくさ》ができぬというからね。

mikey tur
Don't push

ことわざ

人《ひと》のふり見《み》て我《わ》がふり直《なお》せ

意味《いみ》

他人《たにん》のよくないおこないは、自分《じぶん》が同《おな》じようにしていないかを反省《はんせい》するきっかけにするとよいという教《おし》え。

関連《かんれん》する言葉《ことば》

似 他山《たざん》の石《いし》

似 前車《ぜんしゃ》の覆《くつがえ》るは後車《こうしゃ》の戒《いまし》め

「ふり」はふるまいってことだね

つかい方《かた》

マイッキーがワナにかかったからって、笑《わら》ってはいけない。人《ひと》のふり見《み》て我《わ》がふり直《なお》せで、気《き》をつけて進《すす》もう。

ことわざ

火《ひ》のない所《ところ》に煙《けむり》は立《た》たぬ

意味《いみ》

うわさが流《なが》れるのは、何《なに》か理《り》由《ゆう》や原《げん》因《いん》になることがあるものだということのたとえ。

関連《かんれん》する言葉《ことば》

似 煙《けむり》あれば火《ひ》あり

対 根《ね》が無《な》くとも花《はな》は咲《さ》く

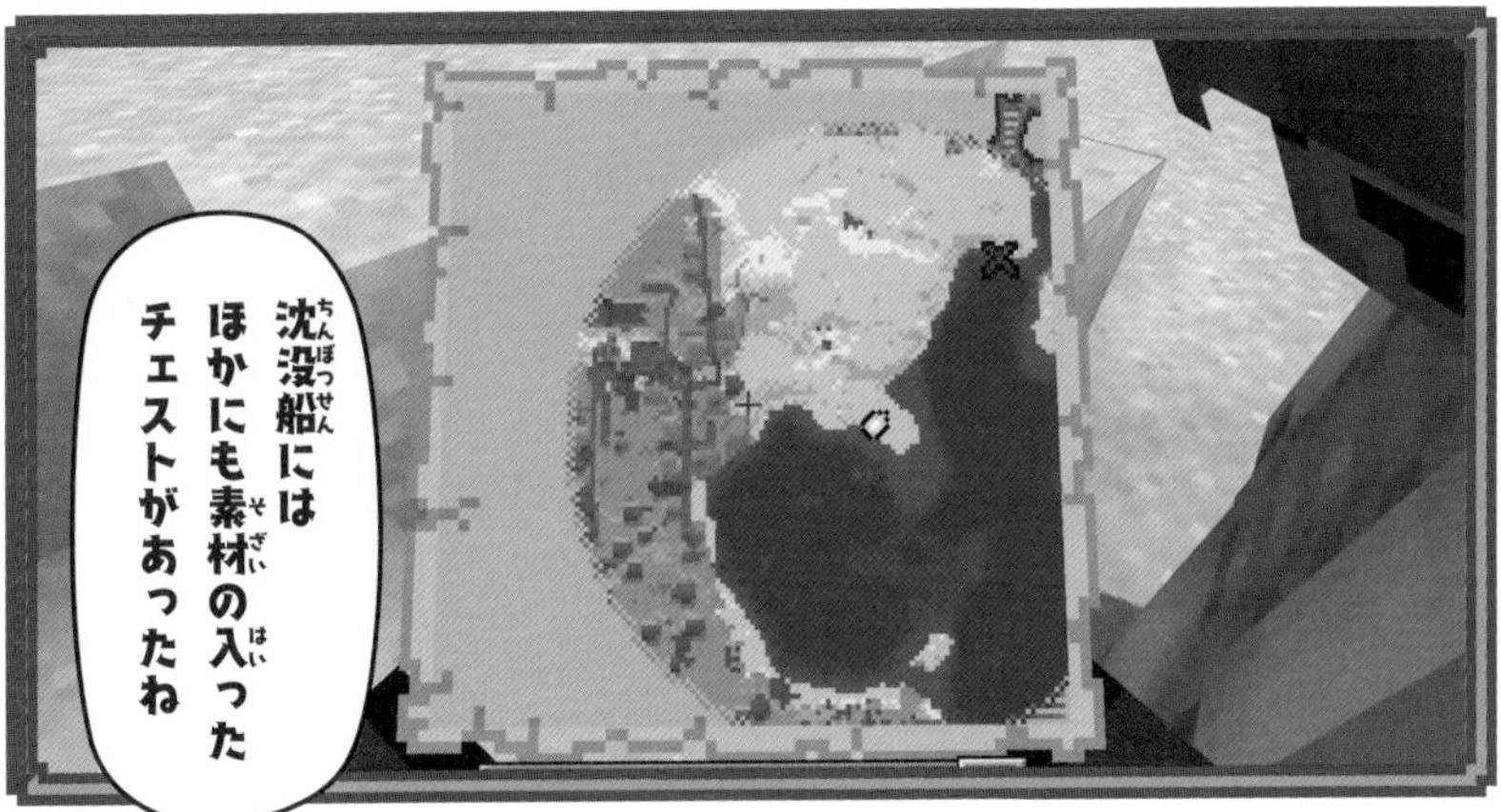

沈没船《ちんぼっせん》には
ほかにも素材《そざい》の入《はい》った
チェストがあったね

つかい方《かた》

火《ひ》のない所《ところ》に煙《けむり》は立《た》たぬもので、沈没船《ちんぼつせん》に宝《たから》の地図《ちず》があるといううわさは本当《ほんとう》だった！

ことわざ

瓢《ひょう》簞《たん》から駒《こま》

意味《いみ》

ちいさなヒョウタンのいれものから馬《うま》（駒《こま》）が出《で》てくるくらい、ありえないことや、おもいもかけないことが現実《げんじつ》になることのたとえ。

関連《かんれん》する言葉《ことば》

似 嘘《うそ》から出《で》た実《まこと》

ぼくたちがつくる村《むら》の守護神《しゅごしん》にしようよ！

つかい方《かた》

ラッキーブロックをこわしたらジャンボゾンビが出《で》てくるなんて、瓢簞《ひょうたん》から駒《こま》だね。

ひ

ことわざ

豚《ぶた》に真珠《しんじゅ》

意味《いみ》

どんなに値打《ねう》ちのあるものでも知《し》らない人《ひと》にとっては役《やく》に立《た》たないことのたとえ。

関連《かんれん》する言葉《ことば》

似 猫《ねこ》に小判《こばん》

似 豚《ぶた》の前《まえ》に真珠《しんじゅ》をなげてはいけない（英語《えいご》のことわざ）

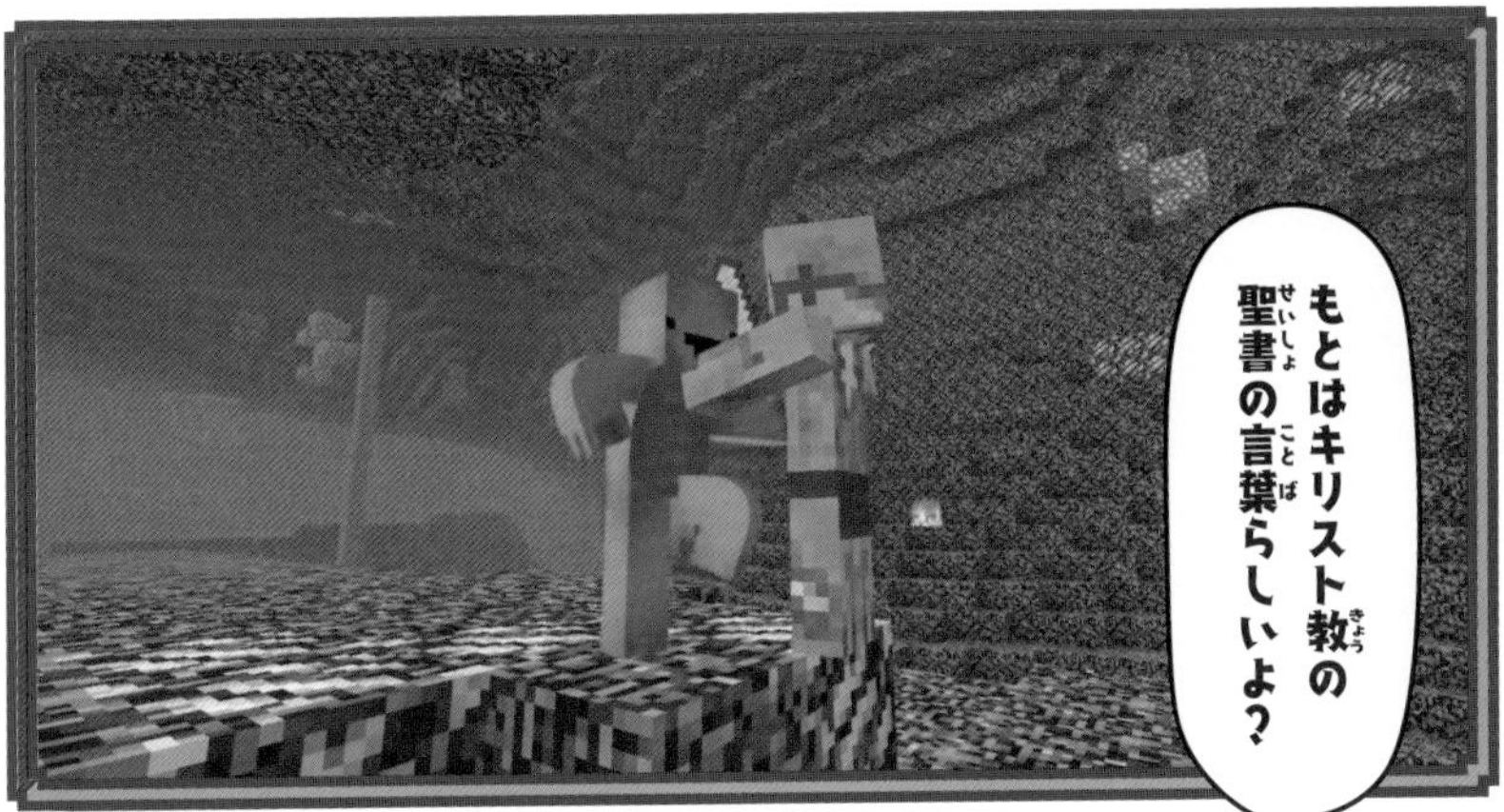

もとはキリスト教《きょう》の聖書《せいしょ》の言葉《ことば》らしいよ？

つかい方《かた》

ゾンビピグリンが金《きん》の剣《けん》をもっていても豚《ぶた》に真珠《しんじゅ》だからって、マイッキーがゆずってもらおうとしている。そんなにうまくいくのかな？

故事成語《こじせいご》

故《ふる》きを温《たず》ねて新《あたら》しきを知《し》る

意味《いみ》

昔《むかし》のことを勉強《べんきょう》して、そこから新《あたら》しい知識《ちしき》や考《かんが》え方《かた》を見《み》つけるという教《おし》え。

関連《かんれん》する言葉《ことば》

似 温故知新《おんこちしん》

似 未来《みらい》を知《し》りたければ過去《かこ》を知《し》れ（英語《えいご》のことわざ）

昔《むかし》の人《ひと》が今《いま》のぼくたちにヒントをくれるってこと？ すごいや！

つかい方《かた》

見《み》たことないアイテムを手《て》に入《い》れたぞ。故《ふる》きを温《たず》ねて新《あたら》しきを知《し》るというし、図書館《としょかん》でつかい方《かた》の手《て》がかりを探《さが》してみよう。

ことわざ

下《へ》手《た》の横《よこ》好《ず》き

意味《いみ》

下手《へた》なのにそれがとても好《す》きなこと。

関連《かんれん》する言葉《ことば》

対 好《す》きこそものの上手《じょうず》なれ

つかい方《かた》

マイッキーはレースが好《す》きだっていうけど、下《へ》手《た》の横《よこ》好《ず》きで、ぜんいちに勝《か》てるほどレースに強《つよ》いわけではないみたいだ。

へ

ことわざ

仏《ほとけ》の顔《かお》も三《さん》度《ど》

意味《いみ》

仏様《ほとけさま》でも三回《さんかい》も顔《かお》をなでまわされたら怒《おこ》るだろうということから、やさしい人《ひと》でも何度《なんど》も無礼《ぶれい》をがまんしてくれるわけではない、というたとえ。

関連《かんれん》する言葉《ことば》

似 仏《ほとけ》の顔《かお》も三度《さんど》撫《な》ずれば腹立《はらだ》つ

似 堪忍袋《かんにんぶくろ》の緒《お》が切《き》れる

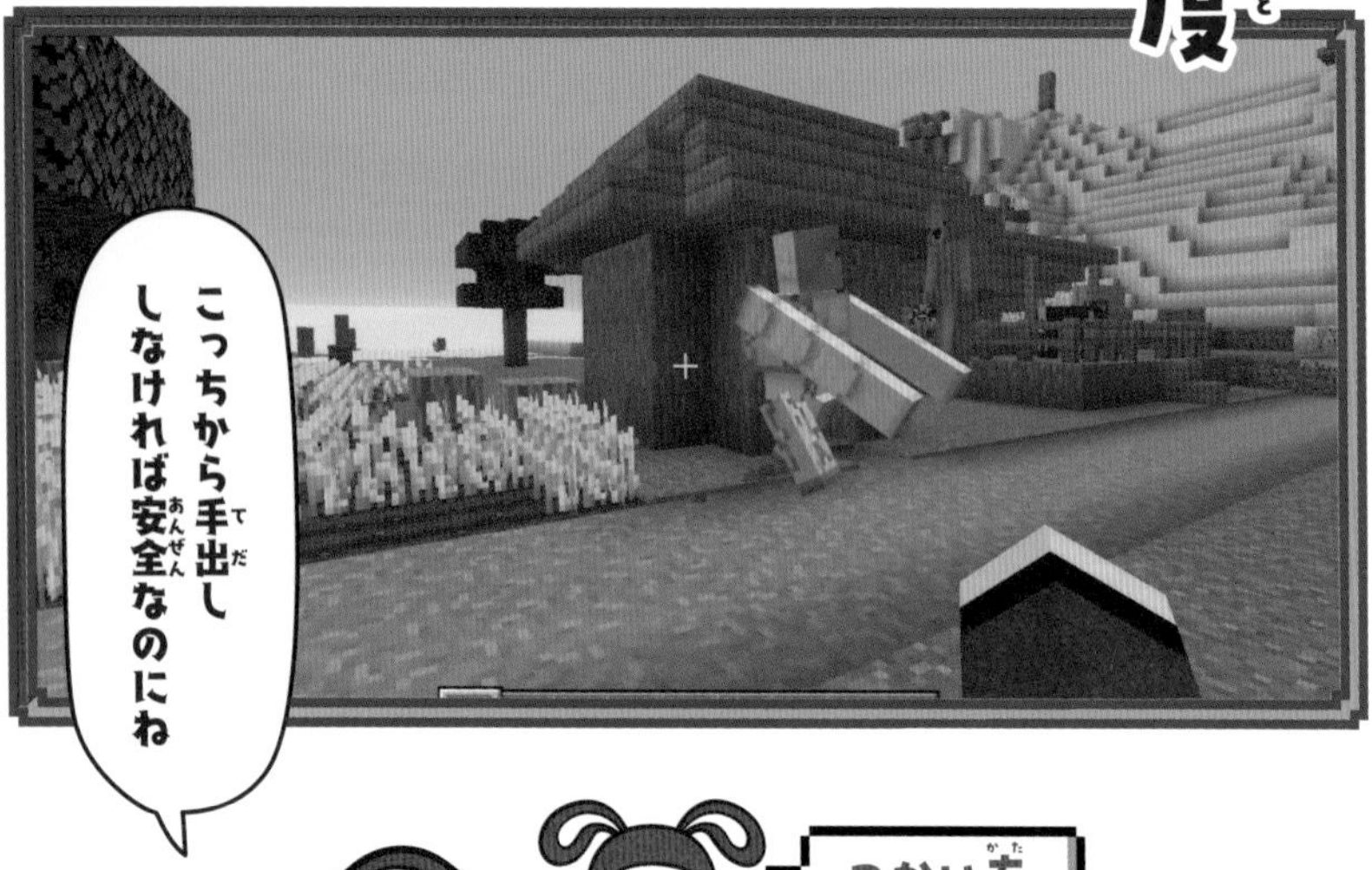
こっちから手出《てだ》ししなければ安全《あんぜん》なのにね

つかい方《かた》

村《むら》を守《まも》ってくれるアイアンゴーレムにイタズラばかりして反撃《はんげき》されてしまったマイッキー。仏《ほとけ》の顔《かお》も三度《さんど》と思《おも》い知《し》ったかな。

ことわざ

骨《ほね》折《お》り損《ぞん》のくたびれ儲《もう》け

意味《いみ》

苦労《くろう》ばかりでなんの利益《りえき》もないことのたとえ。

関連《かんれん》する言葉《ことば》

似 労多《ろうおお》くして功《こう》なし

つかい方《かた》

せっかく海底神殿《かいていしんでん》の奥深《おくふか》くまできたのに、ガーディアンにやられてアイテムを全部《ぜんぶ》おいてきてしまった。骨《ほね》折《お》り損《ぞん》のくたびれ儲《もう》けだ。

ことわざ

待《ま》てば海《かい》路《ろ》の日和《ひより》あり

意味《いみ》

うまくいかなくても、がまんしてじっと待《ま》っていれば、そのうちによいことがあるものだ、という教《おし》え。

関連《かんれん》する言葉《ことば》

似 果報《かほう》は寝《ね》て待《ま》て

似 棚《たな》から牡丹餅《ぼたもち》

対 蒔《ま》かぬ種《たね》は生《は》えぬ

ま

つかい方《かた》

畑《はたけ》に蒔《ま》いた種《たね》が収穫《しゅうかく》できるようになるまで、もう少《すこ》しかな。あせることはない、待《ま》てば海《かい》路《ろ》の日和《ひより》ありだ。

夜《よる》にくるのは……

待《ま》てば海路《かいろ》の日和《ひより》ありか よし! きめた
ぼく ここで いいことくるの 待《ま》ってみるよ
カー
カー
そろそろ いいこと くるかなー
オオ
オ…

ことわざ

身《み》から出《で》た錆《さび》

意味《いみ》

自分《じぶん》がした悪《わる》いことが原因《げんいん》で、あとになって自分《じぶん》が苦《くる》しむことのたとえ。

関連《かんれん》する言葉《ことば》

似 天《てん》に唾《つば》する
似 因果応報《いんがおうほう》
似 自業自得《じごうじとく》

刀《かたな》の刃《は》の部分《ぶぶん》のことを身《み》っていうんだ

つかい方《かた》

安全《あんぜん》な避難場所《ひなんばしょ》をひとりじめにしたピンキーだけど、逆《ぎゃく》にトマトからの逃《に》げ場《ば》をなくしてしまった。かわいそうだけど身《み》から出《で》た錆《さび》だ。

耳《みみ》が痛《いた》い

意味《いみ》

自分《じぶん》の悪《わる》いところや弱《よわ》いところを言《い》われて、聞《き》くのがつらいということ。

つかい方《かた》

また「トラップがあるから気《き》をつけてって注意《ちゅうい》したのに」と言《い》われてしまい、耳《みみ》が痛《いた》い。

慣用句《かんようく》

耳《みみ》にたこができる

意味《いみ》

手《て》や足《あし》のいつも使《つか》うところに固《かた》い「たこ」ができるように、おなじことを何度《なんど》も聞《き》かされていやになること。

つかい方《かた》

「そのレバーはひいちゃダメ」って耳《みみ》にたこができるくらい聞《き》いたのに、ひいてしまった。落《お》とし穴《あな》のスイッチだった。

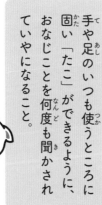

故事成語《こじせいご》

矛《む》盾《じゅん》

意《い》味《み》

ふたつのものごとが、くいちがってつじつまが合《あ》わないこと。「どんな盾《たて》も突《つ》き通《とお》す矛《ほこ》」と「どんな矛《ほこ》も通《とお》さない盾《たて》」を売《う》ろうとした商人《しょうにん》の逸話《いつわ》から。

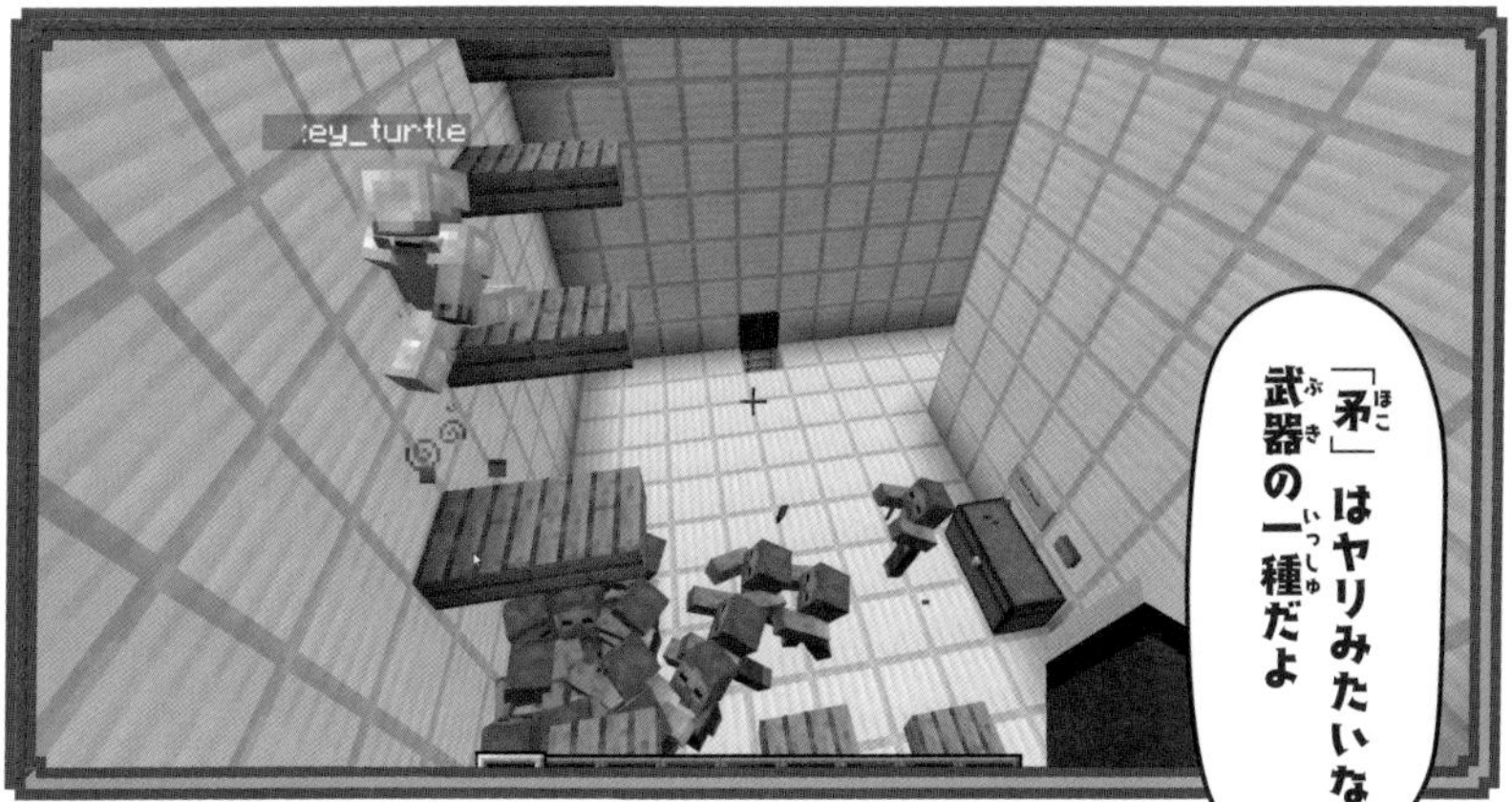

ey_turtle

「矛《ほこ》」はヤリみたいな
武器《ぶき》の一種《いっしゅ》だよ

つかい方《かた》

ゾンビの大群《たいぐん》に捕《つか》まらないようアスレチックをのぼりきれ！　矛盾《むじゅん》するようだけど、あせらず急《いそ》いでいこう。

む

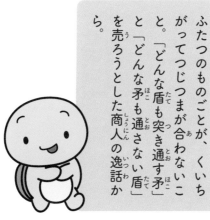

ことわざ

目《め》は口《くち》ほどに物《もの》を言《い》う

意味《いみ》

視線《しせん》や目《め》つきは、しゃべるのと同《おな》じくらい感情《かんじょう》を伝《つた》えるものだということ。

関連《かんれん》する言葉《ことば》

似 目《め》は心《こころ》の鏡《かがみ》（フィリピンのことわざ）

似 目《め》はどこでも通《つう》じる言葉《ことば》をもっている（英語《えいご》のことわざ）

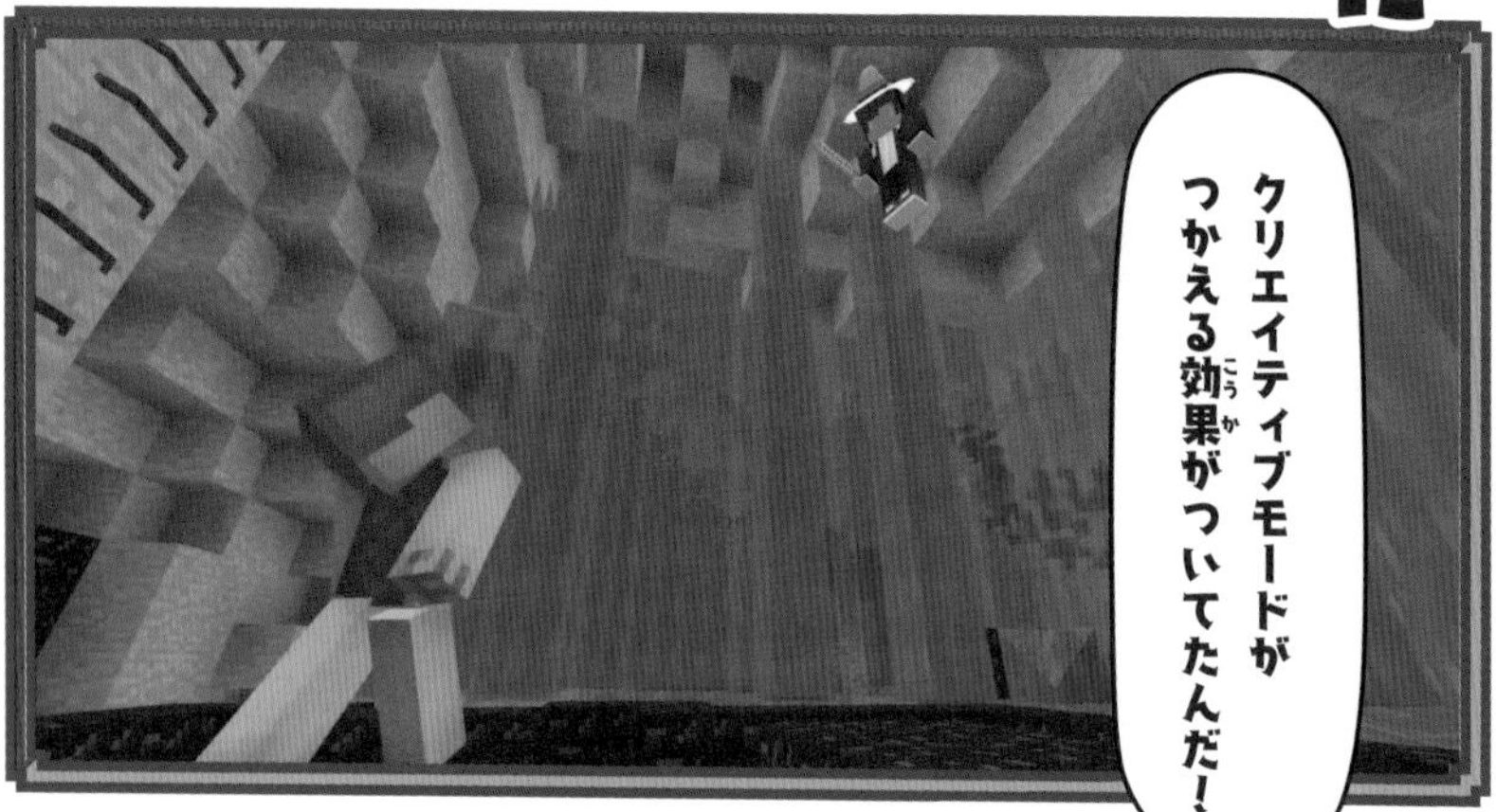

クリエイティブモードがつかえる効果《こうか》がついてたんだ！

め

つかい方《かた》

ぜんいちは空《そら》を飛《と》ぶ装備《そうび》を手《て》に入《い》れた！　マイッキーは口《くち》に出《だ》さないけど、目《め》は口《くち》ほどに物《もの》を言《い》うで、うらやましがっているのがわかる。

ことわざ

門前《もんぜん》の小僧《こぞう》習《なら》わぬ経《きょう》を読《よ》む

意《い》味《み》

お寺《てら》の近《ちか》くに住《す》む子《こ》どもが聞《き》こえてくるお経《きょう》をおぼえてしまうように、ふだんから見聞《みき》きするものは自然《しぜん》とできるようになるということ。

関連《かんれん》する言葉《ことば》

似 勧学院《かんがくいん》の雀《すずめ》は蒙求《もうぎゅう》をさえずる

対 習《なら》わぬ経《きょう》は読《よ》めぬ

y_turtle

ぼくのトラップを突破《とっぱ》できるかな？

つかい方《かた》

ぜんいちのトラップづくりを見《み》ていたマイッキーは、門前《もんぜん》の小僧《こぞう》習《なら》わぬ経《きょう》を読《よ》むで、セキュリティタワーづくりがうまくなったみたいだ。

も

慣用句《かんようく》

横《よ》車《こぐるま》を押《お》す

意味《いみ》

前後《ぜんご》にしか動《うご》かない車《くるま》を真横《まよこ》に動《うご》かそうとするように、筋《すじ》の通《とお》らないことをむりやり押《お》しとおすことのたとえ。

つかい方《かた》

タイムマシンを見《み》つけたぜんいちとマイッキー。過去《かこ》を変《か》えるなんて横《よこ》車《ぐるま》を押《お》すようなことも、これがあればできるぞ！

よ

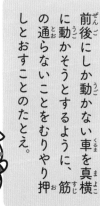

ことわざ

寄《よ》らば大樹《たいじゅ》の陰《かげ》

意味《いみ》

雨宿《あまやど》りするなら小《ちい》さな木《き》より大《おお》きな木《き》の方《ほう》がいいように、頼《たよ》るなら強《つよ》い人《ひと》や大《おお》きな組織《そしき》がよいということ。

関連《かんれん》する言葉《ことば》

似 大樹《たいじゅ》のそばにいれば焚《た》く薪《たきぎ》にこまらない（中国《ちゅうごく》のことわざ）

対 鶏口《けいこう》となるも牛後《ぎゅうご》となるなかれ

つかい方《かた》

寄《よ》らば大樹《たいじゅ》の陰《かげ》というし、危険《きけん》な敵《てき》が出《で》てくる夜《よる》には、セーフティハウスづくりが得意《とくい》なぜんいちの家《いえ》に避難《ひなん》しよう。

ことわざ

弱《よわ》り目《め》に祟《たた》り目《め》

意味《いみ》

困《こま》っているときに、そのうえさらに困《こま》ったことがおこること。

関連《かんれん》する言葉《ことば》

似 泣《な》き面《つら》に蜂《はち》

似 踏《ふ》んだり蹴《け》ったり

つかい方《かた》

スケルトンに矢《や》で攻撃《こうげき》されたうえ、大事《だいじ》なアイテムがこわれてしまった！　弱《よわ》り目《め》に祟《たた》り目《め》とはこのことだ。

よ

ことわざ

ローマは一日《いちにち》にして成《な》らず

意味《いみ》

昔《むかし》の大国《たいこく》、ローマ帝国《ていこく》が長《なが》い年月《としつき》をかけて栄《さか》えていったように、どんなことも長《なが》い時間《じかん》と努力《どりょく》なしでは、なしとげられないということ。

地道《じみち》にがんばれば巨大《きょだい》ジェットコースターだってつくれちゃう！

つかい方《かた》

大《おお》がかりな装置《そうち》をつくるときには、何度《なんど》も動《うご》きを確《たし》かめよう。時間《じかん》も手間《てま》もかかるけど、ローマは一日《いちにち》にして成《な》らずだ。

ろ

ことわざ

渡《わた》る世《せ》間《けん》に鬼《おに》はない

意味《いみ》

世《よ》の中《なか》には冷《つめ》たい人《ひと》ばかりでなく、助《たす》けになってくれる心《こころ》のやさしい人《ひと》もいるものだということ。

関連《かんれん》する言葉《ことば》

似 知《し》らぬ他国《たこく》にも鬼《おに》はない

似 捨《す》てる神《かみ》あれば拾《ひろ》う神《かみ》あり

対 人《ひと》を見《み》たら泥棒《どろぼう》と思《おも》え

ぼくたちならどんなピンチからでも脱出《だっしゅつ》できるよ！

つかい方《かた》

敵《てき》に追《お》いつめられた二人《ふたり》だったけど、この島《しま》で知《し》りあったクッキーマンに助《たす》けてもらった。渡《わた》る世間《せけん》に鬼《おに》はないとはこのことだ。

あきらめないで道《みち》を
探《さが》しつづければね!

きみがいるから

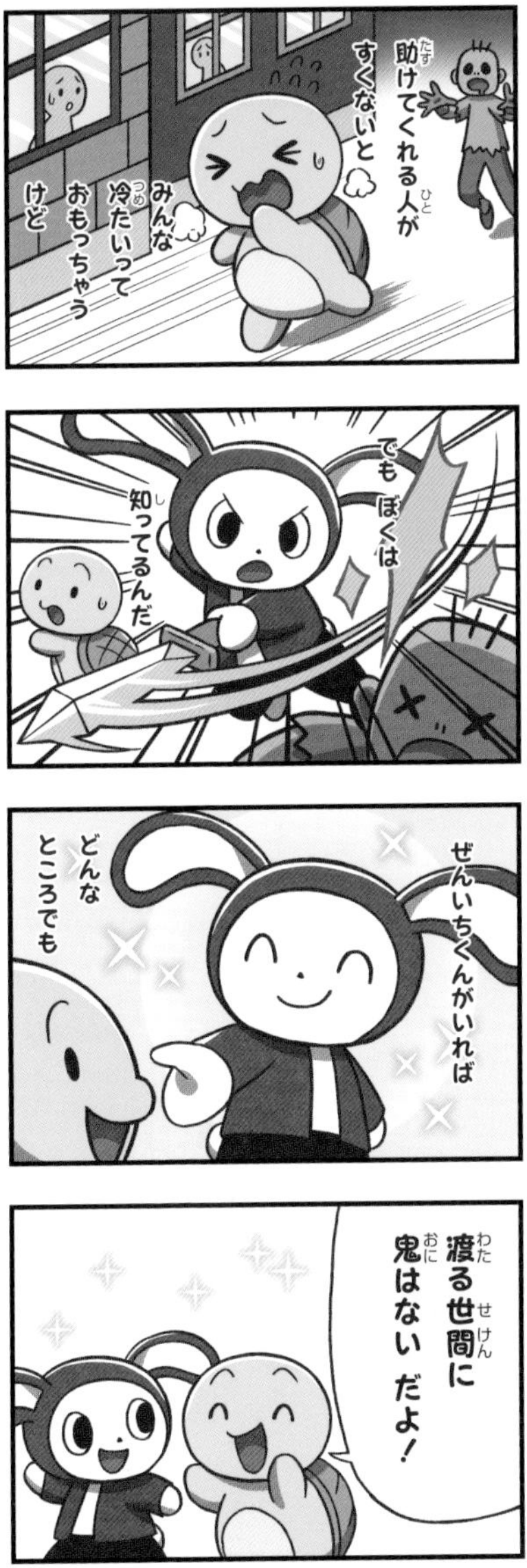
助《たす》けてくれる人《ひと》が
すくないと
みんな
冷《つめ》たいって
おもっちゃう
けど
でも ぼくは
知《し》ってるんだ
ぜんいちくんがいれば
どんな
ところでも
渡《わた》る世間《せけん》に
鬼《おに》はない だよ!

おわりに

ことわざや慣用句《かんようく》、故事成語《こじせいご》のこと、わかってきたかな？　ふだんは使《つか》わない言葉《ことば》ばかりだったかもしれないけど、どの言葉《ことば》も、昔《むかし》から伝《つた》えられてきた知恵《ちえ》や教《おし》えがこめられていたね。そして、昔《むかし》から使《つか》われつづけてきたってことは、それだけたくさんの人《ひと》に必要《ひつよう》とされてきたってことなんだ。

きっかけがほしい時《とき》に背中《せなか》を押《お》してくれる言葉《ことば》、落《お》ちこんだ時《とき》に気《き》を楽《らく》にしてくれる言葉《ことば》、もやもやする気分《きぶん》をぴたっと言《い》いあらわしてくれる言葉《ことば》。そんな言葉《ことば》が、世界《せかい》にはたくさんあるよ。ことわざや慣用句《かんようく》って、難《むずか》しい言葉《ことば》じゃなくて、とっても「使《つか》える」ものなんだ。

言葉《ことば》は、誰《だれ》かに気《き》もちや考《かんが》えを伝《つた》えるためのもの。言葉《ことば》を使《つか》いこなせれば、友《とも》だちや家族《かぞく》と、もっと深《ふか》くわかりあうことができるかも！

さあ、言葉《ことば》をめぐる冒険《ぼうけん》はこれからも続《つづ》くよ。まだ見《み》ぬ「使《つか》える言葉《ことば》」を探《さが》しあてて、きみも使《つか》ってみよう！

おもな参考文献

『ことわざ大百科』深谷圭助監　成美堂出版

『新レインボー 小学ことわざ・四字熟語辞典 改訂第２版』金田一秀穂監　学研

『ドラえもんの国語おもしろ攻略 改訂新版ことわざ辞典』栗岩英雄著　小学館

『のびーる国語 ことわざ』細川太輔監　KADOKAWA

『マインクラフトでおぼえる ことわざ146』Project KK 著　西東社

本の感想をお待ちしております
アンケート回答にご協力いただいた方には、ポプラ社公式通販サイト「kodo-mall（こどもーる）」で使えるクーポンをプレゼントいたします。
※プレゼントは事前の予告なく終了することがあります
※クーポンには利用条件がございます
014

ぜんいち＆マイッキーとまなぶ
まいぜんシスターズの ことわざ

発　行　2024年 7月　第1刷
　　　　2024年 10月　第3刷

監　修　深谷圭助
漫　画　佐久間さのすけ
発行者　加藤裕樹
編　集　勝屋 圭
発行所　株式会社ポプラ社
〒141-8210 東京都品川区西五反田3-5-8
JR目黒MARCビル12階
ホームページ　www.poplar.co.jp
印刷・製本　中央精版印刷株式会社
デザイン　佐藤綾子（Tangerine design）

©MAIZEN 2024
ISBN978-4-591-18148-5　N.D.C. 814　159p　19cm　Printed in Japan

落丁・乱丁本はお取り替えいたします。
ホームページ（www.poplar.co.jp）のお問い合わせ一覧よりご連絡ください。

読者の皆様からのお便りをお待ちしております。いただいたお便りは監修者にお渡しいたします。

本書のコピー、スキャン、デジタル化等の無断複製は著作権法上での例外を除き禁じられています。
本書を代行業者等の第三者に依頼してスキャンやデジタル化することは、
たとえ個人や家庭内での利用であっても著作権法上認められておりません。

P4900378

ぜんいち&マイッキーとまなぶ
まいぜんシスターズの

ことわざ